Friedrich Bothe

War die Rejektion Ferdinands II. von Böhmen berechtigt?

1619

Friedrich Bothe

War die Rejektion Ferdinands II. von Böhmen berechtigt?
1619

ISBN/EAN: 9783744633802

Hergestellt in Europa, USA, Kanada, Australien, Japan

Cover: Foto ©ninafisch / pixelio.de

Weitere Bücher finden Sie auf **www.hansebooks.com**

WAR DIE REJEKTION FERDINANDS II. VON BÖHMEN (1619) BERECHTIGT?

INAUGURAL-DISSERTATION

ZUR

ERLANGUNG DER DOCTORWÜRDE

DER

HOHEN PHILOSOPHISCHEN FAKULTÄT

DER

VEREINIGTEN FRIEDRICHS-UNIVERSITÄT
HALLE-WITTENBERG

VORGELEGT VON

FRIEDRICH BOTHE
AUS WERNIGERODE A. H.

HALLE A. S.
HOFBUCHDRUCKEREI VON C. A. KAEMMERER & CO.
1898.

SEINEN LIEBEN ELTERN

IN DANKBARKEIT

GEWIDMET

VOM

VERFASSER.

Wenn man eine Antwort sucht auf die Frage, ob die Böhmen im Recht waren, als sie 1619 den Erzherzog Ferdinand von Steiermark nicht als ihren Herrscher gelten lassen wollten, — eine Frage, die zwar öfters eine Beantwortung fand, die aber noch keine kritische, die Gründe für und wider reinlich scheidende Prüfung des Streitfalls in neuerer Zeit herbeigeführt hat, — so muss man sich zunächst über die wichtige Vorfrage klar werden, ob Böhmen ein Erb- oder ein Wahlreich gewesen ist. Denn die Böhmen nahmen das formale Recht der Rejektion insofern für sich in Anspruch, als sie aus ihrer Prätension der Königswahl eine Berechtigung zur Absetzung des Gewählten herleiteten[1]), und weil sie andererseits erklärten, in Ferdinand keinen rechtmässigen König erblicken zu können, da er ja nicht aus freier Wahl hervorgegangen sei[2]). Sie wollten nicht

---

1) Khevenhiller, Annales Ferdinandei oder Wahrhaffte Beschreibung Kaysers Ferdinandi Des Andern Mildesten Gedächtniss etc. In Zwölf Theilen. Leipzig 1721. Tom. IX, 535. Jo. Petri Lotichii Rerum Germanicarum Sub Matthia, Ferdinandis II. et III. Imp. gestarum libri LV, 1646, S. 75. Quemadmodum igitur liberrimae electionis potestas penes se quidem esset, pari passu abdicationem Regis ambulare atque in sua manu verti.

2) Bref recueil des causes qui ont meu les estats de Boheme et provinces incorporées à n'admettre le Roy Ferdinand etc. et à proceder à l'Election d'un nouveau Roy. S. 1. Que Ferdinand n'a point esté esleu Roy de Boheme legitimement selon la façon et coustume ancienne et selon la teneur des privileges: Et de plus, qu'il

Rebellen sein, ihre That sollte nicht den Charakter einer
Revolution gegen ihren derzeitigen Herrscher haben: und
darum mussten sie zu beweisen suchen, dass Ferdinand gar
nicht ihr König gewesen sei. Er konnte dies nach ihrer
Meinung nur sein, wenn er gewählt war. Da dies nicht
der Fall war, behaupteten sie, man könne von einer Ent-
thronung gar nicht reden. Anderenfalls müsse Ferdinands
Erbrecht auf den Thron erst dargethan werden. Konnten
nun die Böhmen ihr Land als Wahlreich erweisen, und
vermochte jener nicht für seine Person einen unumstöss-
lichen rechtlichen Anspruch auf die erbliche Nachfolge
geltend zu machen, so brauchten die Böhmen den Akt seiner
Erhebung nicht als verfassungsmässig und daher für sie
bindend anzuerkennen, weil Ferdinand nicht gewählt, sondern
nur „angenommen" war. Er verdankte ja dann einem irre-
gulären Verfahren den Thron.

Freilich handelte es sich eigentlich bei der Auflehnung
der böhmischen Stände gegen Ferdinand um etwas ganz
anderes, nämlich um die Frage, ob er und das Haus Habs-
burg sich der Krone nicht unwert gemacht hätten. Aber
die Böhmen rückten den Streitfall in die grelle Beleuchtung
der staatsrechtlichen Erörterung, indem sie dem habsburgischen Hause und speziell diesem Gliede desselben jedes
Anrecht auf den Thron absprachen [1]). So knüpften sich an
den persönlichen Streit tiefgehende verfassungsrechtliche
Untersuchungen [2]).

---

n'a point voulu estre esleu, mais seulement estre receu et couronné
et pourquoi il l'a ainsi fait. Everhardi Wassenbergii Commentariorum
de bello inter invictissimos imperatores Ferdinandos II. et III. et
eorum hostes . . . gesto liber singularis. S. 26. Ferdinandum . . non
regem esse utpote non libere electum. Khevenhiller, a. a. O. Tom.
IX, 510.

1) Lotichius, a. a. O. 73. Primum ac praecipuum hunc tanquam
arietem objecerunt, Bohemiae regnum ab antiquo esse electivum,
minime vero hereditarium.

2) Hurter, Geschichte Kaiser Ferdinands II. und seiner Eltern.
Schaffhausen, 1857, I—XI. VIII, 56 57. Die Böhmen wollten eine

Daraus folgt, dass ich mich zunächst mit der Frage abfinden muss, ob in der That das Erbfolgerecht anfechtbar war. Erst nach ihrer Beantwortung kann man dem eigentlichen Streite zwischen Ferdinand und den Böhmen gerecht werden.

---

gänzliche Umgestaltung der staatsrechtlichen Verhältnisse: Das erbberechtigte Königshaus sollte verworfen werden.

I.
War Böhmen Erb- oder Wahlreich?

Der Gegensatz zwischen den Böhmen und den Verfechtern der kaiserlichen Ansprüche war ein diametraler. Während jene ein seit 600 Jahren bestehendes Recht, die Könige zu wählen, geltend machen wollten, traten diese für Erblichkeit der Krone auch in weiblicher Linie ein: erst wenn das herrschende Geschlecht auch im weiblichen Zweige erloschen sei, wenn also eine Möglichkeit zu erben nur vermittels eines Erbvertrages mit einem anderen Hause denkbar wäre, trat nach ihrer Auffassung die freie Wahl der Stände in ihre Rechte.

Mit dem angestrengtesten Eifer und dem grössten Scharfsinn haben beide Parteien die Wahrheit ihrer Behauptung zu erweisen gesucht, aber trotz aller beiderseitigen Bemühungen hielt jede mit Zähigkeit an ihrer Ansicht fest. Wir müssen daher die Stichhaltigkeit der Ausführungen an der Hand der Urkunden prüfen, worin die Privilegien Böhmens enthalten sind.

Das erste Statut, welches in dem Rechtsstreite eine grosse Rolle spielt, ist das Privilegium Kaiser Friedrichs II. von 1212. Aber schon 1198 ist von Philipp von Schwaben bei der Anerkennung Otokars I. und der Übertragung der Königswürde an ihn[1] „verordnet, dass sie (die Böhmen)

---

1) Contin. Admuntens. ad a. 1198. Pertz Monum. Germ. IX, 589. Annales Reinhardtsbrunnens. ed. Wegele, Jena 1854, pag. 84. Von „erblicher Königswürde" ist aber keine Rede. Schlesinger Ge-

jhnen auch hinfurter nicht weniger jhre Könige zuerwöhlen sollen bemächtiget seyn" [1]). Und so findet sich denn in dem obigen Privileg Friedrichs II., in dem er am 26. September 1212 zu Basel Otokar I. bestätigt und Philipps Bestimmungen erneuert [2]), die Formel: quicumque in regem electus fuerit [3]), wie denn auch derselbe Kaiser 1216 in der confirmatio der electio Wenceslai I. regis sagt [4]): Exposuerunt ... Henricus marchio Moraviae et universitas magnatum et nobilium Boemiae quod communi voluntate et assensu dilecti nostri Odacrii illustris regis Boemiae elegerunt in regem eorum Vencezlaum filium ipsius regis Boemiae primogenitum, propter quod maiestati nostrae attentius supplicarunt, ut electionem ipsius Venceslai ratam haberemus et firmam et eidem nostrum benignum impertimur assensum. Es erscheint hier zunächst, als ob zu jener Zeit den Böhmen das Recht der freien Wahl zugestanden

schichte Böhmens 1870, S. 99. Pubitschka Chronologische Geschichte Böhmens, Leipzig und Prag, 1770, 10 Bde. IV, 2. S. 57. Die Urkunde ist nicht erhalten.

1) Deductio, das ist Nohtwendige Aussführung Bericht und Erzehlung, deren Ursachen und Motiven, warumb Kayser Ferdinandus II. nach tödtlichem Abgang weyland Kaysers Matthiae dess Regiments im Königreich Böheim . . verlustigt; Vnd wodurch die Laender zu der befügten vnd rechtmässigen Wahl jetzt regierender Kön. May. in Böheim vermöge jhrer Freyheiten zu schreiten bewogen vnd getrungen worden. 1620. Codex diplom. et epist. Morav. II, 60.

2) Sicut dilectus patruus noster pie memorie rex Philippus omnium principum habito consilio per suum privilegium constituit ipsum regem constituimus et confirmamus et tam sanctam et dignam constitutionem approbamus. Cod. dipl. et epist. Mor. II, 60. VII, 556.

3) Privilegium Friderici 1212. Regnum Boemiae . . sibi suisque successoribus in perpetuum concedimus volentes, ut, quicunque ab ipsis in Regem electus fuerit, ad nos vel successores nostros accedat, regalia debito modo accepturus. Codex dipl. et epist. Mor. II, 60/61. Weiterbin: De nostra autem munificentia statuimus, quod Rex praedictus vel heredes sui ad nullam curiam nostram venire teneantur nisi . . . S. 61.

4) Cod. dipl. et epist. Morav. II, 88.

habe [1]), während dem Kaiser das Bestätigungsrecht vorbehalten blieb. Dem widerspricht nun aber der in obenangezogenem Privileg von 1212 gebrauchte Ausdruck [2]): rex . . vel heredes sui [3]). Dies erste Fundamentalstatut Böhmens birgt demnach einen Widerspruch in sich. Und auch in der goldenen Bulle von 1231 sagt Friedrich bei der Bestätigung Wenzels als König, die kaiserliche Hoheit zeige sich, wenn sie „denen Königen . . ., so jren Gewalt unterworffen, mit ansehnlicher Freygebigkeit jhre Väterliche Königreich (Paterna regna) bestättigt" [4]). Weiter spricht für die Erblichkeit der Krone Böhmens die von Karl IV. 1348 anerkannte [5]) Investitura Richardi Caesaris super Regno Boemiae 1262 [6]), welche die Bestätigung eidem regi (Otokar II.) et suis legitimis heredibus, qui ei in bonis feudalibus secundum jus et consuetudinem sacri Imperii jure poterunt et habebunt succedere, verleiht. Und 1290 bestimmt Rudolf I., dass die Kur den Königen von Böhmen und ihren Erben

---

1) Freilich spricht er „in einer ganz unbestimmten Weise" von dieser Wahl. Julius Lippert, Socialgeschichte Böhmens in vorhussitischer Zeit. I. Band: Die Slavische Zeit und ihre gesellschaftlichen Schöpfungen. Wien 1896, S. 419.

2) Vergl. o. S. 9, Anm. 3.

3) Koutný, der Premysliden Thronkämpfe und Genesis der Markgrafschaft Mähren, Wien 1877. S. 94 übersetzt dies unrichtig oder doch in dieser Frage irreführend mit „Nachfolgern". Im Fridericianum heisst es auch: ius et auctoritatem investiendi episcopos regni sui integraliter sibi et heredibus suis concedimus.

4) Jus hereditarium Das ist Erbgerechtigkeit und rechtmässige Succession in dem Königreich Böhaimb. 1621. Khevenhiller a. a. O. IX, 540.

5) Caroli IV. Imp. Confirmatio investiturae Richardi Cesaris super Regno Bohemiae et Ducatu Austriae Anno 1348. In „Die Güldne Bull Kayser Karl des IV." Frankfurt a. M. bey Johann Friedrich Fleischer, 1741, S. 268.

6) Codex dipl. et epist. Morav. VII, 559. Goldast in append. docum. S. 59 und 32. Dudik, Allgemeine Mährische Geschichte, Brünn 1864. XII, 547.

jure hereditario zustehe [1]). Böhmen wird hier also den
anderen Kurfürstentümern inbezug auf die Erblichkeit gleich-
gesetzt.

Schon im 13. Jahrhundert ist demnach die Beantwortung der Frage, ob Böhmen ein Wahl- oder ein Erbreich sei, nicht leicht. Es herrschte scheinbar keine Ein-
heitlichkeit in der Beurteilung des Nachfolgerechts, wenigstens ist man geneigt, aus den in obigen Auslassungen zu
Tage tretenden Widersprüchen ein Schwanken zwischen
Erb- und Wahlrecht herauszulesen.

Und doch kann nicht innerhalb ein und desselben
Privilegs von beiden die Rede sein, wenn man andererseits
auch zugeben kann, dass im Laufe eines Jahrhunderts eine
Wandlung der verfassungsrechtlichen Anschauungen einge-
treten sein mochte. Jener Widerspruch im Privileg von
1212 nötigt mich aber zu einer anderen Auslegung. Entweder steht heredes im Sinne von successores: Böhmen war
also reines Wahlreich; oder die Krone war im Geschlechte
erblich, der jedesmalige Träger derselben ging aber aus
der Wahl der Stände hervor [2]). Die letztere Auffassung ist
vorzuziehen. Denn dass in einem Priveleg derartige starke
Verwechselungen hätten unterschlüpfen können, wie dies
nach der ersteren Annahme der Fall sein müsste, ist kaum
denkbar, zumal in jener Zeit der Ausbildung der Territorial-
herrschaften, wo man die in Frage stehenden Begriffe wohl
kannte.

So bleibt es denn bei der zweiten Hypothese, die viel
Wahrscheinlichkeit erhält, wenn man die früheren Zeiten

---

1) Codex dipl. et epist. Morav. VII, 559/60. Privileg vom
20. Sept. 1290: . . . inclito regi Bohemiae principi et filio nostro
carissimo et heredibus ipsius . . . principum baronum nobilium et
procerum imperii nec non veteranorum communi assertione et concordi
testimonio comperimus assonante ipsum regem Bohemiae imperii debere
pincernam existere et ius ac officium pincernitatis apud eum nec non
eius heredes iure hereditario residere.

2) So war es bei den meisten Slaven Sitte. Ludwig Giesebrecht,
Wend. Gesch. I, 46. Palacký, Geschichte von Böhmen I, 164.

Böhmens ins Auge fasst. Die Krone ist Jahrhunderte lang in den Händen der Premysliden gewesen. Im Anfange trafen die Primaten unter den Gliedern des Herrscherhauses eine Wahl, um den Grossfürsten zu bestimmen [1]), oder der Älteste erhielt vor seinen Brüdern diese Stellung. Bretislav I. machte nun, um Streitigkeiten zwischen den Prätendenten zu verhüten und das Regiment immer von einem Erwachsenen verwaltet werden zu lassen, den Versuch, eine Erbfolge einzuführen; und zwar sollte jedesmal der Älteste des Geschlechts folgen. Diese Bestimmung heisst das Senioratserbfolgegesetz. Aber es war nur eine Privatabmachung, die Bretislav mit einigen zufällig anwesenden Primaten [2]) getroffen hat, und die nie durch einen Landtag [3]) oder durch die kaiserliche Bestätigung legalisiert ist [4]).

1) Palacký a. a. O. I, 164. Koutný, a. a. O. S. 30/31.

2) Cosmas bei Pertz, Mon. Germ. IX, 75. Convocat eos, qui forte aderant, terrae primates.

3) Lippert (a. a. O. S. 397) will nun freilich die spätere Institution des Landtags für jene Zeiten noch nicht gelten lassen. S. 185, Anm. 1. S. 403, 410/11, 416--20. Dann musste doch aber wenigstens der Herrenstand ein allgemeingültiges Gesetz beschliessen, und zwar die Gesamtheit der Primaten. Wenn wirklich die Art der Gesetzgebung damals war, dass der Herrscher dekretierte, die Grafen und das Heer es beschworen (Lippert a. a. O. S. 190), — wo findet man dergleichen damals?

4) Ich trete Koutnýs Ansicht, S. 32/33, Anm. 5, bei gegenüber den Ausführungen Palackýs I, 289 und II, 14 und Dudíks II, 261. Lippert a. a. O. S. 185, Anm. 1. S. 398. Dudik weist zwar nach, dass Cosmas' Datierung 1055 für dies Ereignis nicht beanstandet zu werden braucht, — selbst die Echtheit der Monseeschen Fragmente Codex dipl. et epist. Morav. I, 124 und 129/30 würde daran nichts ändern, da hier nur von den Nebenländern die Rede ist und dadurch höchstens das Schonvorhandensein des Bretislavschen Planes, aber durchaus nicht seine Fixierung als Staatsgesetz für jene frühere Zeit vorausgesetzt wird, — und dennoch legt er den von Bretislav auf dem Sterbelager getroffenen Abmachungen das grösste Gewicht bei. (Dudik II, 264, Anm. 1). Wenn Bachmann (Recension der Koutnýschen Abhandlung. Zeitschrift für österreichische Gymnasien 1878) aber meint, trotz jener Unterredung Bretislavs auf dem Totenbette könne die

Jene Regelung der Nachfolge wurde daher nicht Staatsgesetz und ist auch nicht befolgt worden [1]). Vielmehr wurde es allmählich immer mehr Sitte, den ältesten Sohn des Königs auf den Thron zu setzen oder, wenn keine Söhne vorhanden waren, den Nächstverwandten. Daher musste Spitihnevs Nachfolger Wratislav gegen die Nachfolge seines ältesten Sohnes Bretislav, an dem er sich rächen wollte, 1089 einen Landtag berufen, um die Krone seinem Bruder Konrad zuwenden zu können, der doch nach der Bretislavschen Bestimmung vor jenem erbberechtigt hätte sein müssen [2]). Dass nach Konrads Tode am 6. Sept. 1092

Nachfolge Böhmens schon vorher gesetzlich festgestellt gewesen sein, so hält Kröger (Geschichte Böhmens vom Friedensschluss Bretislavs mit Heinrich III. (1041) bis Wratislavs Königskrönung (1086) Leipzig 1880, S. 17 18, Anm. 1) dem mit Recht entgegen, dass Cosmas dann dies Gesetz sicher gekannt und genannt haben würde.

1) Schon Spitihnev verstösst gegen die „pragmatische Sanktion" (Dudík II, 279), indem er auch Mähren für sich nimmt. Dudik selbst muss zugeben, dass sie „gar oft verletzt" worden sei. V, 99. Ich werde aber zeigen, dass man sogar berechtigt ist zu sagen, dass nur hier und da sich ein Prätendent auf jene Bestimmung berief, um sein angemasstes Recht zu stützen, während meist der Nächstverwandte des letzten Königs durch die Wahl der Stände zum Nachfolger ausersehen wurde. Dann darf man aber doch wohl nicht sagen, dass jenes Gesetz bis 1216 „zu Recht bestanden" habe. Denn aus der Nichtbeachtung seitens der Grossen muss man folgern, dass es nicht den Wert eines Staatsgesetzes hatte. Kröger (s. o.) findet sich mit diesem Punkte in der Weise ab, dass er annimmt, die Einsetzung der Senioratserbfolge sei wirklich erfolgt, und doch daneben dem Wahlrechte der Böhmen völlig freien Spielraum gewährt. Auch er muss ja zugeben, dass die Bretislavsche Bestimmung im „allgemeinen wenig berücksichtigt" wurde. S. 17 18, Anm. 1. Selbst Lippert a. a. O. 186 erkennt an, dass Zwist und Kampf dadurch nicht beseitigt sind.

2) Koutný, S. 37. Dudik giebt zwar letzteres zu, folgert aber aus dem Vorgange, dass durch den Prinzen Bretislav die Senioratserbfolge „durch Rüttelung am Fundamentalgesetze" ins Wanken gebracht sein müsse. Wie konnte aber dann Wratislav seinem Bruder die Krone zusichern lassen, um ihn von einer Verbindung mit dem aufständischen Sohne abzuhalten? (Dudik II, 451). Wie konnte er fürchten, dass jener sich mit dem verbünde, der ihn vom Throne ver-

Bretislav II. dennoch den Thron bestieg, ist auch sehr charakteristisch [1]). Dies Verhalten ist wohl verständlich, wenn man in Bretislav den sieht, der schon nach Wratislavs Tode eigentlich das nächste Anrecht auf den Thron hatte. Damals wurde dieser ihm vorenthalten, weil sein eigener Vater als Herrscher die Herzen der Wähler ihm abwendig gemacht hatte, jetzt aber brach sich sein Anspruch Bahn. Wenn dann weiterhin Udalrich, Konrads Sohn, nach Bretislavs II. Tode Erbansprüche auf Grund des Senioratsgesetzes erhob, so ist dies noch lange kein Beweis dafür, dass jenes Statut staatsrechtliche Kraft besass; vielmehr spricht dagegen die Erhebung Boriwoys, des Bruders Bretislavs II., also des Nächstverwandten [2]). Und die Inthronisation Svatopluks gegen Boriwoy beweist gar nichts. Im Gegenteil kann man daraus, dass Wladislav, Boriwoys jüngerer Bruder, der Svatopluks Unternehmen unterstützte, sich von jenem die Nachfolge nach seinem Tode zusichern liess, einen

Beweis gegen das Bestehen der Senioratserbfolge entnehmen.
Weil nämlich Wladislav nach Svatopluks Tode sowieso
hätte folgen müssen, wenn dies Gesetz bestanden hätte, da
er der älteste Premyslide war, so wäre die Verpflichtung
Svatopluks überflüssig und unverständlich. Jene Abmachung
findet aber folgendermassen ihre Deutung: Wladislav verzichtete als der nach Boriwoy zum Throne Berechtigte zu
gunsten Svatopluks, der kinderlos war, also nur zeitweilig,
auf die Nachfolge. Damit ihm aber nicht durch eventuelle
Erben Svatopluks die Krone ganz entzogen werden konnte,
liess er sich jene Zusicherung geben. Und so ward denn
auch 1109 Wladislav Herrscher, trotzdem Heinrich V. den
Böhmen freistellte, zu wählen, wen sie wollten. Ottik musste
seinen gerechteren Ansprüchen weichen. Nach Wladislavs I.
Tode 1125 bestieg dann Sobeslav, sein jüngerer Bruder,
den Thron, während doch Otto von Olmütz der Senior
des Geschlechts war. Darum spricht natürlich konse-
quenterweise Dudik [1]) Sobeslav das Recht auf den Thron
ab. Auch dass nach Sobeslavs Regierung 1140 Wladislav II., Wladislavs I. Sohn, erwählt wurde, trotzdem Sobeslav schon vorher die Anerkennung seines eigenen Sohnes
Wladislav erzwungen hatte, zeugt für die Richtigkeit
meiner Behauptung. Denn Sobeslav war nur zur Herrschaft
berufen, weil die Söhne Wladislavs I. noch zu jung gewesen waren. Erwachsen trat der älteste derselben nun
das Regiment an.

Trotzdem aber die Nachfolge des Erstgeborenen
oder, bei Kinderlosigkeit des Herrschers oder Unmündigkeit der Kinder, des nächsten Verwandten zur Gewohnheit geworden war, vermochte doch lediglich die Wahl
der Primaten zum Throne zu verhelfen. Schon Bretislavs I. Verfahren bei dem Versuche, die Senioratserbfolge einzuführen, beweist die Wahlgerechtigkeit der
böhmischen Herren. Denn er bat die anwesenden Pri-

---

1) II, 622.

maten, stets den Geschlechtsältesten auf den Thron zu
setzen [1]). Bis dahin war die Wahl ganz frei gehandhabt.
Aber auch fernerhin sollte die Thronfolge durch eine Wahl
des Geschlechtsältesten vor sich gehen. Spitihnev, Bretislavs Nachfolger, wurde dann auch gewählt [2]). Auch Sobeslav
liess dem Könige Lothar 1126 melden: electio ducis Boemiae . . . semper . . . in Boemiae principum constitit arbi-
trio, in tua vero potestate Boemicae electionis scla confirmatio [3]), trotzdem ausdrücklich bemerkt wird, dass er selbst

---

1) Cosmas bei Pertz, Monum. Germ. IX, 76. Rogo vos per
Dominum et obtestor fidei vestrae per sacramentum, quatenus inter
meos natos sive nepotes semper maior natu summum ius et solium
obtineat in principatu omnesque fratres sui, sive qui orti herili de
tribu, sint sub eius dominatu. Also der tribus ist herilis.

2) Cosmas, Chron. ad a. 1055 bei Pertz, Monum. Germ. IX, 76.
Post cuius obitum filium eius primogenitum nomine Spitignev omnes
Boemicae gentis, magni et parvi, communi consilio et voluntate pari
eligunt sibi in ducem. Kröger, a. a. O. S. 19, Anm. 1, will freilich in
dem eligere nur eine „allgemeine Anerkennung" sehen. Ebenso
Glafey Pragmatische Geschichte von Böhmen. 1729. S. 64. Das magni
et parvi wird aber ganz gut durch „Hoch und Niedrig" übersetzt werden
können. Wie soll man sonst communi consilio fassen, wenn unter
den parvi die Kinder verstanden werden? So ist denn wohl die Wahl
von den Primaten vorgenommen, und der Erwählte hat den Beifall
des Volkes gefunden. Ich kann Lippert a. a. O. 404/5 nicht zustimmen, der die electio nur noch „eine rudimentäre Redensart"
sein lassen möchte. Er meint, eine Wahl sei unmöglich, nachdem
die Erbfolge geregelt sei. Dies ist ja aber gar nicht der Fall gewesen
damals. Denn die von Bretislav gewollte Form der Nachfolge, die
übrigens durchaus keine von dem Willen der Primaten unabhängige
Erbfolge sein sollte, trat ja nicht in Geltung.

3) Koutný a. a. O. S. 45/46. Palacký I, 396—98. Monachi
Sazav. Cont. Cosmae ad a. 1126. Pertz IX, 156. Dem Kaiser steht
nur das Belehnungsrecht zu, genau wie 1216. Codex dipl. et epist.
Mor. II, 88. Dudíks (a. a. O. III, 12) Verteidigung des Erbrechts
bedarf keiner Widerlegung. Dass unter den principes das fürst-
liche Haus zu verstehen sei, kann mich Lippert a. a. O. 401, 404/5
nicht überreden. Ich übersetze es mit Primaten. Denn von einer
Wahl seitens der Familienglieder ist nirgends die Rede, aber wohl
von einer solchen der Universitas Magnatum et nobilium. Vgl. o. S. 9.

jure hereditario zur Herrschaft gelangt sei[1]). Erbberechtigt waren eben alleGlieder desHerrschergeschlechts. Nun handelte zwar Sobĕslav selbst gegen die von ihm hier verfochtene Wahlgerechtigkeit der Böhmen, indem er seinen 15jährigen Sohn vom Kaiser belehnen liess, ohne des Landtags oder der Grossen Einwilligung eingeholt zu haben. Die Primaten lehnten es jedoch nach Sobĕslavs Tode ab, seinem Sohne zu huldigen. Da die Senioratserbfolge nicht statthaben solle, wollten sie die Wahl in ihre Hände nehmen. Freilich ging dann auch aus dieser Wahl der Nächstberechtigte hervor, nämlich der früher wegen Unmündigkeit übergangene Sohn Wladislavs I., Wladislav II.[2]). Und als Wladislav II. 1173 dem Throne zu gunsten seines Sohnes Friedrich entsagte, durften die Böhmen, wenn auch erst auf Veranlassung des Kaisers, diesem die Anerkennung versagen, weil ihm sine consensu Boemorum die Krone übertragen worden sei. Wenn auch ein zweiter Grund die Nichtbestätigung seitens des Kaisers war[3]), hätten die böhmischen Herren jenen Einwand doch nicht machen können, wenn nicht ihre Einwilligung zu der Erhebung eines Nachfolgers erforderlich gewesen wäre[4]). Nicht im geringsten aber waren sie etwa ungehalten wegen Nichtbeachtung des Senioratserbfolgegesetzes. An dieser Stelle meint Dudík die beste Gelegenheit zu haben, die Wahl der Primaten seiner ganzen Auffassung des böhmischen

---

1) Cosmae, Chron. ad a. 1125 bei Pertz, Monum. Germ. IX, 131. Sobeslau . . . omnibus Boemis insimul faventibus . . . jure hereditario in principatus solio elevatus est avito. Mon. Sazav. ad a. 1126. solium paternae gloriae.

2) Koutný a. a. O. S. 46. Dudik a. a. O. III, 123. Hier muss Lippert (a. a. O. S. 412) einräumen, dass die Primaten Wahlbesprechungen gehalten haben.

3) Die Übertragung der Königswürde 1158 wird nicht als Verzicht auf das kaiserliche Bestätigungsrecht aufgefasst werden dürfen. Übrigens ist dabei nur von successores und antecessores die Rede. Von Erblichkeit verlautet nichts. Codex dipl. et epist. Mor. I, 267. Dudik III, 321, 416 Anm. 2.

4) Cont. Claustroneoburgensis tertia ad a. 1173. Pertz, Mon. Germ. IX, 630.

Thronfolgerechts entsprechend als eine Annahme einer vom Herrscher gemachten Proposition zu kennzeichnen. Sie hätten nur die formellen und materiellen Bedingungen des Vorschlags zu prüfen gehabt[1]). Er greift mit dieser Definition der böhmischen Wahl zum mindesten den Thatsachen vor. Denn vor 1200 sind die meisten Herrscher erst nach Erledigung des Thrones gewählt worden, wobei freilich die zur Norm gewordene Gewohnheit der Berücksichtigung des Verwandtschaftsgrades hervortrat[2]). Auch widerspricht sich Dudik mit obiger Erklärung. Denn er hat ja der Senioratserbfolge das Wort geredet. Wenn er jetzt behauptet, „wählen" bedeute schon im 12. Jahrhundert „annehmen", so wäre doch Friedrich nach dem Wortlaute unbeanstandet geblieben, wenn er von Wladislav II. präsentiert worden wäre. Anderenfalls wäre die Abfassung des böhmischen Einwandes: er sei sine consensu Boemorum erhoben, äusserst seltsam[3]). Auch wird bemerkt, dass Wladislav und Friedrich den Thron quasi ex hereditate sibi vendicaverant[4]), was wohl zunächst auf die mangelnde Be-

---

1) Dudik IV, 3. Anders glaubt er den Anspruch der Böhmen auf Wahl nicht mit dem Umstande vereinigen zu können, dass noch „ein nach der legalen Erbfolgeordnung zur Nachfolge berufener Prinz vorhanden war". Als ob nicht die Stände die sein sollten, welche nach dem Willen Břetislavs I. den Geschlechtsältesten einsetzten!

2) Vor der Wahl war freilich die Nomination des neuen Herrschers seitens des letzten Regenten bei geregelten Verhältnissen Brauch, aber doch blieb den Wählern freie Hand. Dass dieselben oft dem Vorschlage zustimmten, und dass sich darauf die Nachfolgeordnung des 12. Jahrh. zurückführen lässt, worin der Primogenitur schon ein weiter Spielraum gegeben wurde, ist unbestreitbar. Loserth Archiv f. österr. Gesch. 64, 69. Das angebliche Senioratsgesetz des Herzogs Břetislav I. und die böhmische Succession in der Zeit des nationalen Herzogtums. Ein Beitrag zur altböhmischen Rechtsgeschichte.

3) Continuatio Gerlaci ad a. 1174, XVII, 686. Friderico ducatus Boemiae per sententiam abiudicatur, quem non legitime, sicut dicebatur, sed tantum tradente patre sine consensu Boemorum et non de manu imperatoris percepisset.

4) Continuatio Claustroneoburgensis tertia ad an. 1173. Pertz IX, 630. Imperator Fridericus .. regiam potestatem, quam quasi ex hereditate sibi vendicaverant, ab ipsis abstulit.

stätigung durch den Kaiser, dann aber auch entsprechend dem sine consensu Boemorum auf die fehlende Mitwirkung der böhmischen Grossen sich bezieht. Das eigenmächtige Verfahren erweckte also den Unmut der Böhmen: sie wollten gefragt sein, d. h. sie wollten dem Präsentierten ihre Stimme geben. Gewiss würden die Böhmen, wenn sie gegen die Berechtigung Friedrichs zur Nachfolge Einspruch hätten erheben können, gesagt haben, er komme bei der Besetzung des Thrones gar nicht in Frage, vielmehr gelte die Senioratserbfolge. Aber nichts von allem dem. Die materiellen Bedingungen wurden nicht beanstandet, nur die formelle Übertragung der Würde. Dudik müsste demnach Friedrich nach seiner eigenen Definition von „wählen" als den rechtmässigen Herrscher anerkennen trotz seiner Verteidigung des Senioratserbfolgerechts, wenn Wladislav II. ihn den Ständen und dem Kaiser zum Nachfolger empfohlen hätte. Denn dann wären auch die formellen Bedingungen, die allein den Primaten hier Anlass zu Ausstellungen gaben, erfüllt gewesen.

1173 hatten also die Böhmen ihr Wahlrecht betont, und 1197 übten sie es nach vielen Wirren wieder aus. Wladislav III., der Bruder Friedrichs, wurde zum Herrscher erwählt [1]). Aber es wird in dem Bericht über seine Erhebung gleichsam entschuldigend hinzugesetzt, warum man von der Wahl Přemysl Otakars, des älteren Bruders, absah [2]). Als der Hinderungsgrund, der in den Augen der Böhmen vorlag, beseitigt war [3]), liessen sie es ge-

---

1) Cont. Gerlaci ad an. 1197. Pertz XVII, 708. Boemi maiores natu . . . Wladislaum principem constituunt. Er ist der jüngste der erwachsenen Přemysliden, aber er ist ein Sohn Wladislavs II., ein Bruder Friedrichs. Dudik IV, 145 spricht ihm natürlich jedes Recht auf den Thron ab. Koutný a. a. O. 68. Loserth Archiv f. öst. G. 64, 53.

2) Continuatio Gerlaci Abbatis Milovicensis a. 1197. Pertz XVII, 708. Die Böhmen hätten von einer Wahl Přemysl Otakars abgesehen, quia gratiam imperatoris non habebat.

3) Cont. Gerl. Pertz XVII 709. Interea mortuo in Apulia imperatore Henrico dominus Přemysl et sui fautores ... procedunt versus

schehen[1]), dass Wladislav, ihr Erkorenor, zu gunsten seines
älteren Bruders verzichtete. Man erkennt daraus, dass es üblich
geworden war, die Krone Brüdern dem Alter nach zu übertragen, oder doch, dass innerhalb des Geschlechtes ein der-
artiges Altersvorrecht normative Geltung erlangt hatte.
Ähnliches fand nach Friedrichs Entsetzung 1173 statt.
Denn auch damals verzichtete der erwählte Udalrich
Soběslav II. gegenüber, der mehr Recht hatte, weil er der
ältere Bruder war[2]). Auch Wladislav I. hatte den Thron
1117 seinem älteren Bruder Beřiwoy II. eingeräumt.

All diese Ausführungen haben zur Genüge die Richtigkeit meiner Auffassung von dem Privilegium des Jahres
1212 erwiesen. Böhmen war ein Wahlreich, insofern den
böhmischen Herren das Recht zustand, den neuen Herrscher
aus den Přemysliden durch ihre Stimmen auf den Thron zu
berufen, ein Erbreich war es, weil die Krone bei ein und
demselben Geschlechte verbleiben musste, wobei es im
12. Jahrbundert schon Sitte geworden war, den nächsten
Verwandten des letzten Herrschers zu erheben[3]).

Pragam armati, parati aut mori aut optinere panem sibi et domino
suo Přemysl principatum. Also hatte Otakar auch nur solange ge-
wartet, bis Heinrich tot war; demnach muss mit der Ende 1196 statt-
gefundenen Aussöhnung doch nicht alles ins Reine gekommen sein.
Dudík IV 146. Pertz XVII, 708.

1) Der andere Grund, weshalb sie Otakar ihre Stimmen zu geben
nicht gewagt hatten, nämlich weil sie früher gegen ihn gekämpft hatten,
war also nicht der ausschlaggebende gewesen. Loserth Archiv f.
österr. Gesch, 64, 53.

2) Continuatio Gerlaci ad a. 1174. Pertz XVII, 686. Deinde
traditur domnium Boemiae Udalrico in vexillis quinque, sed ipse cessit
sponte fratri suo Zobezlao tanquam seniori. Loserth Archiv f. österr.
Gesch. 64, 51.

3) Loserth ist zu ganz ähnlichem Resultat gekommen. Archiv
f. österr. Gesch. 64, 65. Mochte wirklich der rechtliche Grundsatz bestanden haben, ut semper inter principes eorum (Bohemorum) maior
natu solio potiretur, (Cosmas ad a. 1100), in Wirklichkeit ist im
12. Jahrh. nicht mehr danach verfahren. Und doch können wir für
jene Zeit in Ermanglung geschriebener Gesetze nur die praktische
Handhabung des Staatsrechts ins Auge fassen, wenn man auch aus

Das Privileg von 1212 überträgt Otakar und seinen Nachfolgern [1]) das Königreich, welches sie von dem Kaiser

dem Nichtbefolgen eines Gesetzes nicht schliessen kann, dass dasselbe gar nicht erlassen sei. Bachmann Recension von A. Huber, Geschichte Österreichs. Bd. 1 und 2. Göttinger gelehrte Anzeigen Jahrg. 1887. Bd. I. 395. — Erst während der Drucklegung kam mir Loserths Arbeit im Archiv für österr. Gesch. Bd. 64, 1—78. und Bachmanns Recension in den Göttinger gel. Anzeigen 1887. Bd. I. 383—98. zu Gesicht. Der Grund dafür ist, dass ich absichtlich zunächst möglichst selbständig, ohne Anlehnung an vorhandene Untersuchungen, die einschlägigen Fragen prüfen wollte. Leider sehe ich nun, dass ich vieles von meinen Ausführungen durch Verweisung auf die Behandlung bei Loserth kürzer hätte bieten können. — Ich muss hier noch auf einiges eingehen. Die Annahme, dass die Behauptung eines Erbfolgegesetzes auf Pulkawa zurückzuführen sei (S. 31), ist sehr ansprechend. Sollte jener zu seinem Irrtume durch die zu seiner Zeit (unter Karl IV.) bestehende Verfassung verleitet worden sein? — Aus Dubravius (Loserth S. 34) ad paternam regni successionem natu maximus provehatur scheint die Behauptung der Primogenitur schon für jene Zeit hervorzugehen. — Meine Erklärung von magni et parvi (vgl. o. S. 16 Anm. 2) erhalte ich der von Loserth gegebenen gegenüber aufrecht. S. 55 u. 68. Namentlich bestärkt mich die häufige Bezeichnung maiores natu für die Primaten in meiner Ansicht. — Dass die Senioratserbfolge nicht als Norm vor Bretislav I. bestanden haben kann, (Huber Gesch. Österr. I. 282), geht aus Bretislavs Bestreben hervor, eine geregelte Nachfolge auf grund dieses Princips zu schaffen. Dazu müssen wir freilich für diesen Vorgang zu Cosmas mehr Zutrauen haben, als Bachmann Gött. gel. Anz. 1887. I. 391 will, da sonst leicht das ganze Ereignis Hypothese werden kann. — Wenn Loserth S. 68 die Nomination seitens des Herrschers beweisen will hinsichtlich des Vorschlags Conrads durch Wratislav II., da ja jener als Senior des Geschlechts ganz selbstverständlich hätte folgen müssen, so ist diese Stütze durch meinen Hinweis auf die Sachlage, hoffe ich, unbrauchbar geworden. Vgl. o. S. 13 Anm. 2. — Dass Bachmann S 394 gegen das von Soběslav 1126 behauptete Wahlrecht der principes geltend machen will, jener habe nur das im Lande übliche Nachfolgerecht, die Senioratserbfolge, den Ansprüchen des Kaisers entgegenstellen wollen, mutet seltsam an, da ja, falls den principes nicht die Wahl zustand, mit einer officiellen Unwahrheit die Wahrheit zu erweisen versucht wäre. Und doch wäre ein stichhaltiger Grund für diese Entstellung des Thatbestandes ganz unerfindlich.

1) Codex diplom. et epist. Morav. II, 60/61. Vgl. o. S. 9, Anm. 3·

zu Lehen nehmen müssen. Ganz zweifellos wird hier nicht
von Erben geredet, denn es heisst: quicunque ab ipsis in
Regem electus fuerit[1]), wo durch das quicunque die völlige
Freiheit der Stände in der Auswahl zugestanden wird.
Und doch durfte das Fridericianum andererseits von heredes
sprechen; denn es war ja die Krone innerhalb des Geschlechts erblich[2]), und den Königen aus Otakars Geschlecht
wurde also die Investitur der Bischöfe[3]) und eine Erleich-
terung inbetreff des Besuchs der Hoftage zugestanden.

Der von der kaiserlichen Partei zur Unterstützung
von Ferdinands II. Erbrecht gegen das „wählen" gemachte
Einwand, die böhmische Sprache besitze für „wählen" und
„annehmen" nur ein Wort, kann nicht verfangen: denn das
Privilegium von 1212 ist ja lateinisch abgefasst[4]).

So bleibt es also dabei: die Böhmen hatten ein Recht,
sich aus ihrer erblichen Herrscherfamilie den Regenten zu
wählen[5]).

---

1) Codex diplom. et epist. Morav. II, 60/61. Vgl. o. S. 9, Anm. 3.

2) Glafey, a. a. O. S. 240. Die Successio Bohemica war ex hereditate et electione.

3) Vgl. o. S. 9, Anm. 3 und S. 10, Anm. 3.

4) Übrigens erheben die Böhmen auch gegen jene Behauptung
Einsprache. Glafey, a. a. O. S. 65.

5) Pubitschka, a. a. O. V, 1 S. 6 g. Dass für das 12. Jahrhundert
Glafeys (s. o. O. S. 238) Ansicht von der Concurrenz der ständischen
Wahl mit dem Erbrechte nicht stichhält, ist erwiesen. Es ist nicht
wahr, was er S. 246 behauptet: „Die Böhmen können keinen König
erwählen, der nicht das nächste Erbrecht zur Krone hat". Ganz abgesehen davon, dass man dann von einer Wahl nicht mehr reden
könnte, ist die beständige Rücksichtnahme auf das Geburtsanrecht
eine Gewohnheit der Stände, ein Entgegenkommen, keine Pflicht.
Es geschah auch die Erhebung durch eine wirkliche Wahl, nicht nur
durch „Agnition", welche seitens der Stände hätte gegeben werden
müssen, falls nichts Erhebliches gegen den Prätendenten vorgelegen
hätte. Glafey, a. a. O. S. 243, S. 246. Diese Beschränkung des Rechts
der Stände auf die Ablehnung des Erben in casu defectus et inha-
bilitatis naturalis et legalis stammt aus dem 13. Jahrhundert.

Dies Recht wird durch die Wahl Wenzels 1216 bestätigt [1]). Aber doch ist manches an jener bemerkenswert [2]).
Zunächst ist der Thronkandidat erst 11 Jahre alt, ein Um-
stand, der früher die Böhmen von einer Wahl zum Herrscher
zurückgehalten hätte [3]). Ferner wird er bei Lebzeiten seines
Vaters erhoben [4]), wozu die Böhmen auch später nicht einmal verpflichtet waren, als an Stelle des Wahlreichs ein
Erbreich sich entwickelt hatte. Man kann in diesen Punkten
eine grosse Nachgiebigkeit der Wähler gegen ihren Herrscher
erkennen. Und das Ziel, nach dem Otakar strebte, ist auch
offenbar: es war die Primogeniturerbfolge. Da aber eine
so durchgreifende Neuerung keine Aussicht hatte, freudige
Aufnahme zu finden, wie der Erfolg von Wladilavs II. und
vorher von Sobĕslavs I. Versuch deutlich gezeigt hatte, so
war es schon ein grosser Schritt vorwärts auf der neuen
Bahn, wenn Otakar es durchsetzte, dass sein ältester Sohn
zu seinen Lebzeiten trotz seiner Unmündigkeit von den
Böhmen zum Könige erwählt und vom Kaiser bestätigt
wurde. Es ist daher in der That das Jahr 1216 als ein
Wendepunkt in der böhmischen Thronfolgeentwicklung zu

---

1) Vgl. o. S. 9. Glafey, a. a. O. S. 139. Das eligere lässt
sich nun einmal nicht weginterpretieren. Eigentümlich ist die Moti-
vierung, die Lippert a. a. O. 419 für die Betonung des Wahlrechts
der Adligen bei jener Gelegenheit vorbringt. Er meint, man habe
das alte Senioratsrecht zu Gunsten des Erstgeburtsrechts brechen
wollen. Abgesehen davon, dass jenes längst nicht mehr bestand,
wäre dies doch wohl ein ganz eigenartiges Manöver. Um dem Erbrechte zum Siege zu verhelfen, bestand man auf dem Gelten des
Wahlrechts!

1) Auch Huber Gesch. Österr. I, 392 Anm. 1. hält den Vorgang
für „nicht bedeutungslos".

3) Vgl. o. S. 15. Auch Spitihniew II. und Bŕetislav II. wandten
die Krone mit Übergehung ihrer unmündigen Söhne ihren Brüdern
Wratislav II. und Boŕiwoy II. zu. Das wird eine Folge der Bretislavschen Anregung von 1055 sein; denn früher nahm man, wie es
scheint, an der Unmündigkeit keinen Anstoss. Loserth Archiv f. öst.
Gesch. 64, 38 Anm. 3.

4) 1228 ist er auch schon gekrönt.

bezeichnen, wenn auch die Wahl noch bestehen blieb. Dieselbe hatte doch nur noch einen rein formellen Character[1]),
man kann sie kaum noch „Wahl" nennen und bezeichnet sie
schon besser mit dem später üblichen Ausdrucke „Annahme".
Denn von einer Wahl kann man doch eigentlich nur bei
einem wirklichen Auswählen aus mehreren Prätendenten
reden, während es sich hier nur um die Zustimmung zu
einer Proposition handelt. Denn dass Otakar die Initiative
ergriffen hat zur Erhebung seines Sohnes, daran ist doch
wohl nicht zu zweifeln[2]). Darauf deutet der Zusatz in
Friedrichs Bestätigung von 1216 assensu dilecti nostri
Odacrii illustris regis Boemiae[3]) hin, das muss erst recht
selbstverständlich erscheinen bei der Unmündigkeit des Gewählten. Dann ist es also eigentlich keine electio mehr
gewesen, sondern eine promotio[4]). Freilich ist nirgends
die Rede von einem neuen Fundamentalgesetze der Primogenitur, wie Koutný mit Recht Palacký[5]) und Dudik[6]) ent-

---

1) Darauf scheint Tomek Geschichte Böhmens in übersichtlicher
Darstellung. Prag 1875. hinzuzielen, wenn er S. 96 sagt, Otakar 1.
habe 1216 Wenzel „zu seinem künftigen Nachfolger im Königreich
wählen oder ausrufen lassen".

2) Wunderbarerweise verzichtet Koutný auf die Kritik der
von Dudík V, 100 gegebenen Schilderung des wahrscheinlichen Vor-
ganges bei der Erwählung Wenzels, wie es scheint, weil er eine
Widerlegung für überflüssig hält. Auch die Frage, wann denn eigentlich die Primogenitur eingeführt sei, beantwortet er absichtlich nicht.
S. 95, Anm. 1 und 96, Anm. 2.

3) Codex, dipl. et epist. Mor. II, 88. Freilich heisst communi
voluntate, das obigem Citat vorangeht, (vgl. o. S. 9), gewiss nicht „durch
bestimmten Willen", wie Dudík übersetzt, indem er es auf Otakar bezieht.
(Koutný, S. 95, Anm. 1). — Es ist der assensus wohl die Nomination
seitens des regierenden Herrschers; diese hat hier aber ein eigenartiges
Gepräge wegen der Unmündigkeit des Vorgeschlagenen und wegen der
zu Lebzeiten des Nominierenden erfolgenden Wahl. Beides sind
Neuerungen, welche den Anspruch der Theobalde ignorieren. Loserth
Archiv f. österr. Gesch. 64, 29.

4) Koutný, S. 31.

5) II, 77.

6) V, 99.

gegenhält; aber doch ist in der Art, wie hier die Bestimmung des Nachfolgers getroffen wurde, eine weit grössere Gewähr für die Innehaltung der früher nur durch die Gewohnheit gestärkten Nachfolgeordnung gegeben, wonach der Nächstverwandte die erste Berücksichtigung fand[1]).

Und am Ende des 13. Jahrhunderts ist dann das bis 1216 wenigstens formell noch bestehende Recht des Auswählens aus den Gliedern des erbberechtigten Geschlechts ganz in Vergessenheit geraten[2]). Denn sonst könnte nicht von der Nachfolge in der Kur jure hereditario und secundum jus et consuetudinem sacri Imperii die Rede sein, was sicher die Erbfolge der Erstgeburt in sich schliesst[3]). An die Stelle der Wahl war die blosse Annahme des Thronerben getreten. Die Nachfolge des ältesten Sohnes war so selbstverständlich, dass Otakar II. schon bei Lebzeiten seines

---

1) Wenn daher Dudik V, 192 sagt: „Das Königreich Böhmen... fand erst durch Premysl den Abschluss seines Crystallisationsprocesses", so hat er vollkommen recht; aber nicht in dem, was er folgen lässt: „Erblichkeit der Krone in der Primogenitur". Ebenso Tomek, a. a. O. S. 96. Winkelmann Philipp v. Schwaben und Otto IV. v. Braunschweig. Bd. II. 446. Anm. 2. Auch dass Wenzel 1216 bei der Bestätigung durch Friedrich ausdrücklich primogenitus genannt ist, (vgl. o. S. 9) will mir nicht genügen, um eine so grundlegende Neuerung zu legalisieren. Denn das eligere der Stände steht noch unerschüttert. Höchstens wird durch jene Bezeichnung meine Behauptung gestützt, dass es schon zur Gewohnheit geworden war, den Erstgeborenen zu wählen. Glafey, a. a. O. S. 239. Khevenhiller, a. a. O. IX, 540. Auch wenn 1231 Friedrich II. Wenzel als König anerkennt tanquam primogenitum und ihm paterna regna verleiht, so wird man hierin den Fortschritt bemerken müssen: Böhmen war damals in dem Stadium des Überganges zum Erbreiche. Vgl. o. S. 10, Anm. 4. Wenzel war gar nicht primogenitus, sondern Otakar hatte einen Sohn Wratislav aus der Ehe mit Adela v. Meissen. So geht aus der Anerkennung als primogenitus hervor, dass das Recht der Erstgeburt für die böhmische Nachfolge in Frage kam. Aber noch geschah die Übertragung der Krone durch ständische Wahl.

2) Nach Loserth Arch. f. österr. Gesch. 64, 53 wäre 1248 die letzte Wahl unter den Premysliden gewesen. Aber erstens ist nur von accipere seitens der natu maiores die Rede, dann ist aber auch die Erhebung Otakars II. eine anormale.

3) Vgl. o. S. 10, Anm. 6 und S. 11, Anm. 1.

Vaters sich „der jüngere König von Böhmen“ nennen und
alle Regierunsgshandlungen vornehmen konnte[1]). Und
Wenzel II. erhielt den Thron, trotzdem er erst 7jährig
war, ebenso Wenzel III. 16jährig. Allgemein war die Erblichkeit anerkannt[2]). Der Grund dafür ist in dem Empor-
steigen der Königsmacht eines Otakars I.[3]) und II. über die
stolzen Ansprüche der Primaten zu suchen[4]).

Das zweite Privileg, welches in dem Rechtsstreite
von 1619 vielumkämpft ist, gab Karl IV. Er hat 1348 das
widerspruchsvolle Statut von 1212 einer Deutung unter-
zogen, die den Böhmen gar nicht gefällt. Sie sagen daher[5]),
er habe „in seiner vermeynten Declaration über Friderici II.
Privilegium[6]) die Böheimische Wahl Gerechtigkeit zimlich
zu beschneiden vnd restringirn sich vnterstanden“. Es
heisst darin, dass die electio regis Boemiae den Ständen
juste, rite et legitime zukomme[7]), in casu dumtaxat et eventu,

1) Dudík V, 376.

2) So 1305 in den Nürnberger Friedenspunkten: Der König von
Böhmen und Polen und alle seine Erben und Nachfolger. Dudík VI, 342.

3) Von den drei zur Nachfolge notwendigen Momenten, dem Willen
des regierenden Fürsten, der Zustimmung des Landes und der Bestätigung
durch den Kaiser (Jireček Das Recht in Böhmen und Mähren. Prag 1866.
II, 49.) überwog unter ihm das erste die anderen.

4) Die Zeit, wo die Stände sagen durften, sie wollten einen
Fürsten, der sich mehr nach ihrem Willen richten sollte, als sie nach
dem seinigen (Tomek, a. a. O. S. 71), war längst vorüber. Und darum
hat Pubitschka, a. a. O. IV, 2, S. 70 Recht, wenn er sagt, die Böhmen
hätten aus der Wahl des Erstgeborenen (1216) 1620 nicht auf eine
völlige Wahlfreiheit schliessen dürfen. Freilich sieht er V, 1, S. 344
in dieser Wahl Wenzels etwas „Ausserordentliches“, was heissen soll:
„Aussergewöhnliches“. Dies war sie aber in entgegengesetzter Hinsicht, als Pubitschka will.

5) Deductio etc. a. a. O.

6) Cod. dipl. et epist. Mor. VII, 557. Dudík XII, 543 - 46.
Die Verordnung heisst auch „Goldne Bulle“.

7) Auch in der Landesordnung, die, 1350 entworfen, freilich
nicht zur Einführung gekommen ist, spricht Karl von heredes successo-
resque nostri, ad quos successivis temporibus regnum nostrum Bohemiae ex descendenti vel collaterali Linea successionis legitimae devol-
vetur, vel ea deficiente electionis iure pervenerit. Glafey, a. a. O. S. 216.

quibus de generalogia, progenie vel semine aut prosapia
regali Boemiae masculus vel femella superstes legitimus,
quod Deus evertat, nullus fuerit oriundus vel quando
per quemcumque alium modum contigerit vacare regnum
Boemiae. Offenbar will Karl hierdurch das Recht der
Wahlfreiheit nur auf den Fall zugestehen, dass das Herrschergeschlecht auch in weiblicher Linie erloschen sei. Durch
diese Verordnung hebt sich Böhmen aus der Reihe der
Kurfürstentümer heraus, sowohl durch das Zugeständnis der
Wahlgerechtigkeit beim Erlöschen des Geschlechts, wie
andererseits durch die Statuierung der Erbfolge auch in
weiblicher Linie.

Also ein Erbreich ist Böhmen sicher nach dieser Bestimmung, und darum wurde es auch in der goldenen Bulle
1356 mit den anderen Kurfürstentümern zusammen genannt,
als es sich um die Erblichkeit der Kurwürde handelte[1].

---

[1] Die Güldne Bull Kayser Karl des IV. a. a. O. S. 92. Nach
Aufzählung der Kurfürstentümer, Böhmens an erster Stelle, heisst es:
ne inter eorundem Principum secularium Electorum filios super jure,
voce et potestate prefata, futuris temporibus, scandalorum et dissen-
sionum possit materia suscitari et sic bonum commune periculosis
dilacionibus impediri, futuris, auctore Domino, cupientes periculis
salubriter obviare: Statuimus et Imp. auctoritate presenti lege perpetuis temporibus valitura decernimus, ut postquam iidem Principes
Electores Seculares et eorum quilibet esse desierit, Jus, vox et potestas
eleccionis hujusmodi ad filium suum primogenitum legittimum laicum;
illo autem non extante, ad ejusdem primogeniti primogenitum similiter
laicum libere et sine contradiccione cujusplam devolvatur. Si vero
primogenitus hujusmodi absque heredibus masculis legittimis laicis,
ab hac luce migraret, virtute presentis Imperialis edicti, Jus, vox et
potestas Eleccionis predicto, ad seniorem fratrem laicum per veram
paternalem lineam descendentem, et deinceps ad illius primogenitum
laicum devolvatur, et talis successio in primogenitis et heredibus
Principum corundem, in Jure, voce et potestate promissis, perpetuis
temporibus observetur. Auch unmündige Söhne sollen erben unter
Vormundschaft des ältesten Vaterbruders. Si vero aliquem ex hujusmodi Principatibus ipsorum, Imperio sacro vacare contingeret, tunc
Imperator seu Rex Roman., qui pro tempore fuerit, de ipso providere
debebit, et poterit tanquam de re ad se et Imperium logittime devo-
luta. Vgl. Glafey, a. a. O. S. 254/55.

Aber es wird dann hinzugefügt: salvis semper privilegiis, juribus et consuetudinibus regni nostri Bohemiae super electione, in casu Vacationis, per regnicolas (qui jus habent eligendi regem Bohemum) facienda, juxta continentiam eorundem privilegiorum et observatam consuetudinem diuturnam a divis Romanorum imperatoribus obtentorum, quibus et huiusmodi sanctione imperiali in nullo praejudicari nolumus. Hier werden die wählenden regnicolae und die durch sie im Falle einer vocatio stattfindende electio als durchaus zurechtbestehend anerkannt, und doch wird Böhmen unter die Erbreiche gestellt, als welches es ja schon 1348 von Karl bezeichnet war.

Wieder stossen wir demnach auf einen grossen Widerspruch oder doch mindestens auf völlige Unklarheit. Und darum benutzen bei Erörterung der Nachfolge Ferdinands II. beide Lager diese Erlasse als Stützen ihrer Sache. Die Böhmen meinen, in der Declaratio von 1348 habe Karl ihre Wahlberechtigung urgente veritate anerkannt, wenn er im letzten Satze sage: quando per quemcumque alium modum contigerit vacare regnum Bohemiae. Darunter kann man freilich alles Mögliche verstehen, und es ist den Böhmen nicht zu verdenken, wenn sie diese allgemeine Fassung sich zu nutze machen und so auslegen: wenn auf irgend eine Weise der Thron nicht besetzt ist. Denn sie nehmen den casus vacationis an de omni vacatione quocumque modo sive morte sive resignatione sive abdicatione regis [1]). Auch die Ungenauigkeit der Formulierung der goldenen Bulle von 1356 bringt sie zu der Behauptung, Karl habe den Böhmen in dem oben angeführten Passus „namentlich" die freie Wahl zugestanden.

Es liegt auf der Hand, dass sich der Streit um die Deutung der Worte vacare und vacatio dreht. Was ist darunter zu verstehen? Tritt dieser Zustand ein nach dem Aussterben eines Herrschergeschlechts, oder ist die durch

---

1) Catholicon et Notorium Imperat. Ferdinandi II. et Friderici V. Elect. Palat. 1625, S. 32.

den Tod oder den Rücktritt eines Regenten entstandene
Erledigung des Thrones eine vacatio?

Fast scheint das letztere der Fall zu sein in der Bestimmung von 1348. Denn warum ist es sonst nötig den
Zusatz zu machen: quando per quemcumque alium modum
contigerit vacare regnum Bohemiae, da ja eine wirkliche
Erledigung des Thrones nach der ersteren Auffassung einzig
und allein beim Erlöschen des Geschlechts denkbar erscheint
und die erlassene Bestimmung der Declaratio also dieser
erweiternden Klausel wohl hätte entraten können. Andererseits würde aber durch diesen Zusatz, falls man die vacatio
als das durch den Tod oder den Rücktritt eines einzelnen
Herrschers eintretende Leerstehen des Thrones fasst, die in
der Declaratio aufgestellte Festsetzung hinfällig, wonach
die Krone erblich ist, bis das Geschlecht ausstirbt. Und
so sehen denn auch die Böhmen jene Worte der goldenen
Bulle als die Aufhebung der Declaratio an und weisen auf
die in dem letzten Satze der Erklärung des Friedericianischen
Privilegs selbst liegende Zurücknahme des vorher verfoch-
tenen Erbrechts hin, ganz unbekümmert darum, wie sinnlos
ein so krasser Widerspruch innerhalb ein und desselben
Statuts wäre.

Jedenfalls aber herrscht wieder eine grosse Unsicher-
heit über die Absicht des fraglichen Satzes, und zu völliger
Gewissheit wird sie sich schwerlich wandeln lassen, da
Karl IV. im Hinblick auf seine Erklärung sagt, er wolle
den Ständen „die Wahl eines Königs in Böheim auff den
erstgemelten fall vnd aussgang vnd kein andern nit geben[1]),
leihen, vberliefern, vbergeben vnd schenken". Danach ist
es wieder nur ein einzelner Fall, nämlich das Aussterben
des Geschlechts[2]).

---

1) Diese Eventualwahl verbleibt den Böhmen auch nach der
neuen Landesordnung Ferdinands II. p. 2. Glafey, a. a. O S. 683.

2) Vielleicht lässt sich die Schwierigkeit so der Lösung näher
bringen, dass man annimmt, durch den Zusatz quando per quemcumque alium modum etc. sei die Wahl der Stände von Karl auch für

Aber auch innerhalb der goldenen Bulle würde man
auf schwere Widersprüche stossen, wenn man die vacatio,
bei der ja dem Wortlaut der Bulle nach den regnicolae die
Wahl zustand, nach dem Tode eines jeden Herrschers sich
einstellen liesse, trotzdem Böhmen unter den erblichen Kurfürstentümern aufgeführt wird. Freilich scheint der Zusatz
zu regnicolae: qui jus habent eligendi regem, zu gunsten
der Böhmen zu sprechen, da es ohne jede Einschränkung
gesagt ist und es so den Anschein gewinnt, als ob sie bei
der jedesmaligen Erledigung des Thrones die Wahl des
neuen Herrschers vorzunehmen das Recht und die Pflicht
hätten. Wie hätte aber Karl dann Böhmen dicht vorher
unter den mit Erbrecht ausgestatteten Ländern nennen
können? [1])

Wenn aber auch die Kenntnis der Rechtsverhältnisse
Böhmens damals zu unsicher gewesen ist, als dass man in
allen Punkten unumstössliche Folgerungen ziehen könnte,
soviel bleibt unanfechtbar, dass Böhmen von Karl IV. als
Erbreich in weiblicher Linie rechtlich stabiliert ist. Ebenso
unzweifelhaft ist es aber, dass die Declaratio Karl IV. keine
richtige Auslegung des Privilegs Friedrichs II. von 1212
war. Jener Wenceslaus, um dessen Anerkennung von seiten
Friedrichs II. es sich 1216 handelt, war der Sohn seines
Vorgängers, und dennoch war er von den Magnaten ge-

___

den Fall als zurechtbestehend anerkannt worden, dass der letzte Spross
eines Geschlechts durch Geisteskrankheit oder ähnliche Umstände, die
ihn zur Regierung unfähig machten, zur Abdankung genötigt sei.
Dann besteht nämlich eine vacatio, aber das Geschlecht ist noch nicht
erloschen. Doch ist dies nur eine Hypothese, die sich aber auf die
Worte der Goldenen Bulle a. a. O. S. 212 stützt: Primogenitus filius
succedat in eis sibique soltius (soli ius vgl. Aurea Bulla Caroli IV.
Francofurti. Sumpt. Joh. Wilh. Ammonii et Wilh. Serlini 1658. II, S 50)
et dominium competat. nisi forsitan mente captus, fatuus, seu alterius
famosi et notabilis delectus existeret, propter quem non deberet seu
posset hominibus principari. Glafey a. a. O. S. 258 meint, jene Klausel
beziehe sich auf Fälle, wo per bannum imperiale, abdicationem familiae
regiae, dethronisationem legitimam eine Vacanz eintrete.

1) Glafey, a. a. O. S. 252.

wählt[1]) und diese Wahl unter ausdrücklicher Betonung des
Vorgangs von Friedrich als zurechtbestehend anerkannt
worden[2]). Somit wird man Karls Erläuterung als eigen-
nützige, in favorem suorum liberorum et nepotum geschehene
insofern bezeichnen müssen, als er dadurch sich und seinem
Geschlechte Böhmen, dieses reiche Land, ohne das nach
seinem Ausspruche kein Kaiser regieren könne, auch staats-
rechtlich sichern wollte, wie sie es nach dem Gewohnheits-
rechte besassen. Und wenn in der That das in der Goldenen
Bulle Gesagte gehalten wäre, dass die alten Festsetzungen
der Kaiser durch diese neuen Bestimmungen nicht schaden
nehmen sollten[3]), so wären die Entscheidungen Philipps und
Friedrichs II. sicher in dem Rechtsstreite auf seiten der
Verfechter des Wahlreichs und darum die neuen Verordnungen null und nichtig. Dass freilich auf der anderen
Seite schon aus dem 13. Jahrhundert einige kaiserliche
Entscheide für die Vertreter des Erbrechts günstig lauten,
ist erwähnt[4]). Und ganz deutlich sogar geht aus dem
Iglauer Vertrage, den Wenzel II., Otakars II. Sohn, mit Kaiser
Rudolf 1278 schliesst, die Erblichkeit der böhmischen Krone
hervor. Es wird darin gesagt, „dass Kayser Rudolphus
oder seine Erben im Königreich Böheim vnd desselben
Landen succediren sollten“, wenn Wenzel „oder seine Erben
Mannliches Stammens ohne Erben abgehen würden“. Hier

---

1) Karl IV. hat diese electio desselben selbst bestätigt. De-
duction etc. a. a. O. Glafey, S. 244. Wie ist dieselbe aber mit seiner Definition der bömischen Wahlgerechtigkeit in Einklang zu bringen? Man
wird dabei mit der Entwicklung der böhmischen Verfassung rechnen
müssen.

2) Glafey a. a. O. S. 246 sucht den Vorgang als aussergewöhnlich
darzustellen, hervorgerufen durch die Neuheit der Succession des
proximior gradu, während früher der älteste des königlichen Hauses
immer gefolgt wäre. Wie unrichtig letztere Behauptung, ist nachge-
wiesen. Durch ersteres Geständnis räumt Glafey aber unwissentlich
ein, dass die Böhmen das Recht in Anspruch genommen hatten, den
Nachfolger frei zu erheben.

3) Vgl. o. S. 26.

4) Vgl. o. S. 10/11 und 23.

geht also der damalige König [1]) noch einen Schritt weiter,
als Karl IV. später in seinen verfassungsrechtlichen Er-
örterungen für Recht erkennt. Denn ausser der Erblichkeit
der Krone nimmt er für sich die Freiheit in Anspruch
Erbverträge zu schliessen. Dass ihm hierin sogar Karl IV.
selbst folgt trotz seiner eigenen widersprechenden Verordnung, wird sich zeigen. Andererseits scheint aber zur Zeit
des Abschlusses jenes Vertrages die weibliche Erbfolge
noch nicht festgestanden zu haben. Denn sonst würde
Wenzel wohl sich nicht nur auf „Erben Mannliches Stammens" beschränkt haben. Wenn wir auch Ähnliches bei
Karl IV. finden, der 1355 seinem Bruder Johann und dessen
Nachkommen die Nachfolge zuspricht, falls er oder seine
Nachkommen ohne männliche Erben abgingen [2]), so bleibt
hier wenigstens die Herrscherwürde bei seinem Hause;
es ist auch die Abmachung doch wohl nur so aufzufassen, dass
die männlichen Nachkommen, die in dem Herrscherhause,
auch in den Seitenzweigen vorhanden seien, den weiblichen
Sprossen vorangehen sollten [3]). Denn anderenfalls wäre es
unverständlich, dass Karl 1348 von Böhmen als von einem
Erbreiche auch in weiblicher Linie spricht und 1356 in der
goldenen Bulle keine andere Auffassung über die vacatio
kundgiebt [4]) Mit obiger Festsetzung Karls ist der Wort-

1) Wenzel II. war freilich erst 8jährig gewesen. Darum erklärten die Böhmen später die Erbverträge für erzwungen. Pubitschka,
a. a. O, V, 1, S. 5.

2) Palacký II, 2, S. 330. Karl erklärt, Johann von Mähren und
seine Erben sollten in diesem Falle „ohne einige andere Wahl oder
annehmung" in der Regierung folgen. Hierüber a a. O.

3) Hier weicht also das Staatsrecht vom altböhmischen Privat-
rechte ab. Freilich erben Töchter auch nach böhmischem Privatrecht
erst, wenn keine Söhne vorhanden sind; sie gehen aber den anderen
Verwandten vor. Jireček a. a. O. II. 160/61. Kalousek Ueber das
altböhmische Erbrecht. Abhandlungen der böhmischen Akademie.
Klasse I. Jahrg. 3. Mitteilungen des Instit. f. österr. Gesch. 17, 693.

4) Denn ohne direkte Widerrufung der Bestimmung von 1348
musste für das „in casu vacationis" der Goldenen Bulle (vgl. o. S. 26)
die damals gegebene Definition gelten.

laut der Confirmatio Privilegii Friederici II. wohl zu vereinbaren[1]).

So ist denn erwiesen, dass im 13. Jahrhundert in Böhmens Verfassung ein Wandel vor sich gegangen ist: an die Stelle der Wahl innerhalb eines erblichen Herrschergeschlechts ist mit der Zeit die Erbfolge in männlicher Linie nach dem Erstgeburtsrechte getreten, die freilich eine formelle Beschränkung an der Annahme seitens der Stände fand. Und Karl IV. führte mit seiner Verfügung daher keine Neuregelung der Nachfolgefrage ein, sondern er stand mit seinen Erklärungen auf dem Boden des historisch Gewordenen, was selbst inbetreff der weiblichen Nachfolge sich als stichhaltig erweisen wird. Jedenfalls wird schon Johann von Luxemburg 1335 in dem Vergleiche mit Casimir von Polen stets als Herrscher eines Erbreichs angesprochen[2]). Darum thut der Einwand, den die Böhmen zur Zeit des Conflikts mit Ferdinand II. erhoben, dass Karl IV. als König zu solcher Erklärung nicht berechtigt gewesen sei propter defectum jurisdictionis et potestatis, und weiter, dass er als Kaiser damals, am 7. April 1348, noch nicht anerkannt gewesen sei, die Kurfürsten vielmehr hinterher erklärt hätten: priorem Caroli electionem esse irritam et nullam, der Thatsache keinen Abbruch, dass zu Karls IV. Zeit und bereits vorher die böhmische Krone schon erblich geworden war durch allmähliche Verdrängung der Wahlgerechtigkeit der Stände. Der Grund dafür ist darin zu suchen, dass es Brauch geworden war, möglichst den nächsten Agnaten des letzten

---

1) Vgl. o. S. 24. . . . in casu dumtaxat et eventu, quibus de genealogia, progenie vel semine aut prosapia regali Boemiae masculus vel femella superstes legitimus . . . nullus fuerit oriundus.

2) Abgehandelte vergleichung zwischen Johanne Könige in Böhmen So wol dessen von Ständen in Böhmen freywillig zur Kron gezogenen Erben an einem Vnd Casimiri Königs in Polen vollmächtigen Gesandten anderen theils. Auch redet Casimir in seinem Verzicht von 1339 von Johanns „Erben, Miterben vnd Nachfolgern“, es wird also scharf geschieden zwischen den durch Erbschaft und den durch sonstige Nachfolge zum Throne gelangten Herrschern.

Herrschers zum Könige zu wählen. Allmählich war aus
dem Usus eine Verpflichtung, aus der Wahl eine blosse
Annahme, aus dem Bewerber um die Wahlstimme ein Erbe
geworden, der sich nur vor seiner Erhebung den Primaten
präsentieren musste.

Und Karl IV. hat nun die thatsächlich schon bestehende
Erbfolge auch rechtlich gesichert. Er ging sogar noch
weiter, indem er auch für den Fall des Erlöschens seines
Geschlechts die Nachfolge regelte. 1364 schloss er mit den
Habsburgern [1]) Albrecht und Rudolf, seinen Tochtermäunern,
einen wechselseitigen Erbvertrag, „welcher theil vnter jhnen
ohne eheliche Leibserben (Sohn oder Tochter) auch derselben
Kinder vnd Kindeskinder gar abgehen oder verscheiden
würde [2]), dass derselbige dem andern all sein Land, Erbliche Königreich, Herzogthumb, Fürstenthumber vnnd Herrschaften, die er hindter jhm liesse, billich vnd von Rechts-
wegen gönnen vnd auff desselben Erben fallen soll Alles
mit rechter Wissenschaft, Raht, Willen vnd gunst jhrer

---

1) Leopold von Österreich hatte 1324 und Friedrich und Heinrich schon früher auf das Anrecht, welches sie auf grund des Wenzelschen Erbvertrags hatten, verzichtet, ebenso Rudolf 1360. Bemerkenswert ist in dem Verzichte Leopolds, dass er verspricht, dem Böhmen-
könige und seinen Ha er ed es et Successores gegenüber keine Ansprüche
zu erheben. Es wird also die Erblichkeit der Krone im Geschlecht
der Luxemburger damit anerkannt, die Habsburger waren demnach
wohl mit ihrem Anrecht auf den Thron zurückgetreten, weil sie die
Aussichtslosigkeit ihrer Bemühungen einsahen. In der Übertragung
der Krone auf Johann v. Lützelburg als den Gemahl der Elisabeth hatte
sich die Erblichkeit der Krone auch in weiblicher Linie, also entgegen
dem Wortlaute des Wentzelschen Vertrages, geoffenbart. Dass nun
das neue Geschlecht als mit Erbrecht ausgestattet vom Throne Besitz
genommen hatte nach der Ansicht der Zeitgenossen, geht aus der
Fassung obigen Verzichts hervor.

2) Johanns von Mähren Nachkommen waren auch mit einge-
schlossen. Schlesinger, a. a. O. S. 217. Glafey, a. a. O. S. 365. Also nach
völligem Aussterben der luxemburgischen Linie trat der Erbvertrag
erst in Kraft. Glafey, a. a. O. S. 292. Unter Wenzel IV. ist das Pactum
geändert: Die Habsburger sollten gleich nach dem Aussterben der
männlichen Linie succediren. Glafey, a. a. O. S. 366 und 323/24.

Fürsten, Landt Herren, Ritter, Knecht, Burger vnnd Bawren"[1]). Das Eigentümliche an dem Vertrage ist, dass Karl den Habsburgern, die doch als Gatten seiner Töchter nach dem Erlöschen seiner männlichen Nachkommenschaft einen Anspruch auf die Nachfolge erheben konnten, die böhmische Krone zuspricht, wenn er oder seine Nachkommen ohne männliche oder weibliche Leibeserben blieben. Hiernach waren jene also auch erbberechtigt, falls ihren Ehen mit den luxemburgischen Erbtöchtern keine Nachkommen entsprossen. Sie hatten dann trotzdem das Verfügungsrecht über den Thron, der in ihrem Geschlecht weitererbte. Und zu einer solchen Abmachung war Karl nicht berechtigt nach seinen eigenen Ausführungen über die böhmische Verfassung. Denn wenn auch den Ständen in dem Erbvertrage die Einräumung gemacht worden war, dass sie der Nachfolge zustimmen müssten, ehe dieselbe rechtskräftig werden könne, so war eine solche Zustimmungserklärung bis auf Karl IV. bei der Nachfolge jedes Königs wahrscheinlich üblich gewesen und darum kein besonderes Zugeständnis. Wenigstens glaube ich dies aus der in dem Vergleiche zwischen Johann und Casimir von Polen gebrauchten Bezeichnung „freywillig zur Cron gezogene Erben[2]) schliessen zu können. Und wenn auch Wenzels II. Vorgang beweist, dass die Erblichkeitsidee schon so weit durchgedrungen war, dass sogar Erbverträge geschlossen wurden, so widerspricht eine solche Handlungsweise Karl IV. doch so sehr seiner eigenen Beantwortung der Frage nach dem Rechte der Stände, dass dieser Erbfolgevertrag trotzdem als hinfällig bezeichnet werden muss[3]), obgleich verschiedene

---

1) D. h. des Landtags. Die erste generalis convocatio fand nach Lippert u. a. O. 418 im Jahre 1306 statt. Unter Johann hatten dann die Landtage Bedeutung erlangt.

2) Vgl. o. S. 33, Anm. 2.

3) Johann v. Böhmen wurde von den Ständen verhindert mit Ludwig von Bayern zu tauschen. Der Kaiser musste die Verträge kassieren „zu anzeig vnnd bekandtnuss, dass weder jhne dem Kayser, noch jhrem Herrn dem König dergleichen pacta zu nachtheil vnnd

3*

böhmische Landsherrn für den Vertrag Gewähr leisteten.
Denn ich kann Palacký nicht beistimmen, der behauptet,
damit sei die Erbeinigung „in bester Rechtsform zu Stande
gebracht" [1]. Karl IV. hätte mindestens seine eigenen Bestimmungen vorher umstossen müssen. Wenn der Fall ein-
trat, dass das luxemburgische Haus auch in weiblicher Linie
ausstarb, musste vielmehr die Wahlgerechtigkeit in Kraft
treten. Denn dies Privileg hatte Karl IV. den Ständen ja
notgedrungen einräumen müssen, da sich ein gewisses Wahlrecht aus dem Statut Friedrichs II. nicht wegleugnen liess.
Darum durfte er hinterher jene Vergünstigung nicht wieder
illusorisch machen. In Wahrheit trat aber jener Erbvertrag
mit den Habsburgern nie in Wirkung. Denn Albrecht II.
wurde König nicht, oder doch wenigstens nicht in erster
Linie auf Grund jenes Erbvertrages, sondern als Gemahl
der Elisabeth, der Erbin der Krone [2]. Immerhin hat das
Abkommen hier einen Wert, insofern darin auch eine Anerkennung des Rechts, das die Stände zur Bestimmung
eines neuen Herrschers nach dem Aussterben eines Geschlechts besitzen, enthalten ist, woraus Schlüsse auf den

---

abbruch der Böheimischen Wahlgerechtigkeit hinterrucks der Stände
zu machen vnd tractiren nicht gebüret". (Deductio etc. a. a. O.),
Glafey a. a. O., S. 262/63. Wenn auch die böhmischen Stände dem
Paktum Karls IV. mit den Habsburgern zugestimmt haben (Glafey
a. a. O. S. 264, Deductio append. no. 30), ist doch seine Rechtskraft
nichtig, da in ihm eine unberechtigte Fesselung der Entschliessungen
späterer Geschlechter enthalten war. Es war ein Beschluss, dessen
Geltung nur für die Zukunft Bedeutung hatte: sollte aber ein Ver-
fassungsrecht aufgegeben werden, so hatten darüber die zeitgenössi-
schen Stände zu befinden. (Anders Glafey a. a. O. S. 268 und 275).
   1) Palacký II, 2, S. 360.
   2) Glafey a. a. O S. 293. Nach der Wenzelschen Fassung des
Erbvertrages (vgl. o. S. 34, Anm. 2) hätte Albrecht vor Elisabeth und
Ferdinand I. (s. u.) vor Anna ein Anrecht auf den Thron gehabt.
Wenn also die Böhmen darauf hinwiesen, dass durch das pactum
reciprocum zwischen Wenzel und den Habsburgern die Erbfolge der
Weiber beseitigt sei, so erkannten sie ja damit jenen Vertrag als
rechtskräftig an. Glafey a. a. O. 431.

Anteil derselben an der Regierung und überhaupt auf den Charakter der Verfassung zulässig sind[1]). Andererseits wird das Erbrecht der Töchter noch einmal bezeugt[2]).

Nach den karolinischen Entscheidungen kommt erst wieder ein Statut aus dem Anfange des 16. Jahrhunderts in Betracht, wenn man nach den gesetzlichen Grundlagen der böhmischen Nachfolge fragt. Auch dies ist arg befehdet und von der anderen Seite mutig verfochten. Es ist die Dispositio Wladislai[3]), die zu Prag am Freitag nach den heiligen drei Königen des Jahres 1510 erlassen ist. Darin wird ausgesprochen, dass, falls Ludwig, Wladislaus' Sohn, ohne Erben stürbe, dessen Schwester Anna „für eine Erbin dess Königreichs erkent vnd angenommen" werden solle, „weil vermög des Königreichs Böhemb Rechten, Privilegien vnd Freyheiten, wann Gott der Herr seine Durchleucht König Ludwig ohne Erben durch den zeitlichen Tod abforderte; (welchen Gott bewahren wolle). Alsdann vnser Tochter Hertzogin Anna eine rechte Erbin vnseres Königreichs verbleiben würde". Hier zeigt sich deutlich, dass die Erblichkeit sogar in weiblicher Linie noch wie zu Karls IV. Zeiten bestand[4]). Und wie schon durch die Tochter Sigismunds, Elisabeth, die Krone an den Gemahl derselben, Albrecht, und damit an die Habsburger gekommen war, so wurde jetzt wiederum Böhmen zu einem habsburgischen Besitz durch die Heirat Ferdinands I. mit

---

1) Solange noch Erben da waren, wollte Karl IV. wohl die Annahme nicht als notwendig angesehen wissen. Das darf man aus seiner Abmachung mit Johann von Mähren schliessen, der ohne jede Wahl oder Annahme im Falle des Aussterbens von Karls Nachkommen folgen sollte. Vgl. o. S. 32.

2) Goldast Commentarii de Bohemica regni . . juribus ac privilegiis 1627. (S. 723).

3) Palacký nennt sie den 2. Majestätsbrief Wladislaus'. (V, 2, S. 193).

4) Noch 1491 freilich muss sich Wladislaus dieses Erbrechts der Töchter nicht bewusst gewesen sein, sonst würde er in dem Erbvertrage mit Maximilian nicht jenem die Erbfolge zugesichert haben eo sine liberis masculis decedente. (Goldast 725).

Anna[1]). Aber gerade bei einer solchen durch ein weibliches
Bindeglied vermittelten Übertragung der Krone auf ein
anderes Geschlecht haben die böhmischen Grossen oft versucht, ihre Stellung auf Kosten der Regenten zu kräftigen.
So versuchten sie von Ferdinand I. grosse Zugeständnisse zu erlangen. Jener hatte einen doppelten Anspruch auf die Krone erhoben, vermöge der habsburgisch-
böhmischen Erbverträge und als Gemahl der Erbin[2]).
Ersteres Anrecht konnte er jedoch nicht erweisen, denn die
Erbverträge existierten nicht mehr. Und in letzterer Hinsicht bestritt man auch sein Recht. Die Böhmen nahmen
für sich die Berechtigung in Anspruch, frei zu wählen,
wenn ein König ohne männliche Erben starb[3]). Und als
schliesslich die goldene Bulle Karls IV. sie von ihrem Irr-
tum überzeugte, sprachen sie Anna die Krone ab, weil sie
ohne den Willen der böhmischen Stände vermählt worden
sei. Wladislaus hatte nämlich in der dispositio 1510 erklärt, er wolle die Zustimmung der Stände zur Vermählung
seiner Tochter einholen. Dies hat er aber nicht gethan.
Deswegen erwiderten die Böhmen auf die Vorstellungen
von Ferdinands Gesandten nach erfolger Verlesung der
goldenen Bulle Karls IV., dass Anna ihres Erbrechts verlustig gegangen sei, da sie schon bei Lebzeiten ihres Vaters
„ausgestattet, dann verheiratet" worden sei[4]). Aber in
Karls IV. goldener Bulle steht nichts davon, dass nur un-
verheiratete Töchter erben könnten. Auch wird ja die dis-

1) Wenn auch zunächst Annas Erbrecht geleugnet wurde.
2) Wenn die Böhmen 1619 behaupteten, durch das pactum reciprocum Wenzels IV. sei die weibliche Erbfolge hinter die habsbur-
gische Nachfolge zurückgetreten, so mussten sie doch Ferdinand I.
als Erben anerkennen. Deductio etc. a. a. O. Glafey a. a. O. S. 431.
Aber die Erbverträge waren ja 1462 von Friedrich III. an Georg
Podiebrad zurückgegeben. Rezek Geschichte der Regierung Ferdinands I. in Böhmen. Prag, 1878, I, S. 15, Anm. 1 und S. 19. Damit
war die Einschränkung des in Karls IV. goldener Bulle verzeichneten
böhmischen Rechts beseitigt.
3) Rezek a. a. O. S. 22.
4) Rezek a. a. O. S. 52. Huber a. a. O. III, 543.

positio von den Böhmen zu Ferdinands II. Zeit nicht als
bindendes Gesetz angesehen, sondern als Privatabmachuug.
Wenn sie also auch eine Einschränkung des Statuts Karls IV.
enthielten, würden die Gegner Ferdinands II. wenig Gewinn
davon haben. Andererseits klingt die Formulierung des Ver-
sprechens Wladislaus' aber gar nicht so, als ob er sich von
dem Einhalten desselben die Annahme Annas als Erbin ab-
hängig denke[1]). Das „Wir versprechen überdies" erweckt doch
den Anschein, als ob die Anerkennung Annas schon vorher
beschlossene Sache war. Und in der That war dieselbe ja
schon 1507 ohne dergleichen Klausel geschehen[2]). Wie unsicher sich übrigens die Stände mit ihrer Behauptung fühlten,
geht daraus hervor, dass sie sich von Ferdinand I. eine Erläuterung der goldenen Bulle Karls IV. erbaten, dahingehend,
dass nach dem Absterben eines böhmischen Königs sein Sohn
Erbe sei und seine ganze Nachkommenschaft männlichen
Geschlechts; wenn kein männlicher Erbe da sei, solle die-
jenige Tochter des letzten Königs, welche noch unver-
heiratet und unausgestattet sei, „Erbin sein und niemand anderer, weder männlichen noch weiblichen Geschlechts[3]). Ferdinand liess sich aber darauf nicht ein.
Wenn aber wirklich der Clausel in der dispositio zufolge
Anna ihr Erbrecht verloren hatte, erkläre ich mit Huber
(III, 543), dass sich die Böhmen 1526 nicht auf Karls IV. goldene
Bulle hätten berufen dürfen. Denn dadurch wird nicht nur
dieser Einwand gegen Annas Nachfolge hinfällig, sondern
auch der andere, dass jedes Erbrecht nur vor sich gehe,
nicht zurück[4]), d. h. dass nur Descendenten des letzten

---

1) Rezek a. a. O. S. 52. Huber a. a. O. III, 544.

2) Die dispositio von 1510 ist nur eine Bestätigung dessen, was
die Stände auf dem Landtage von 1507 beschlossen hatten. Wladislaus II. hatte sie damals gebeten, seinen Sohn und seine Tochter „als
Erben der Krone Böhmen anzunehmen und anzuerkennen". Palacky
V, 2, S. 125. Glafey a. a. O. S. 501.

3) Rezek a. a. O. S. 94.

4) Rezek a. a. O. 53 meint, die Worte sollten nur bedeuten,
dass Anna durch den Tod ihres Bruders nicht einen neuen Erb-

Königs erben könnten[1]). Dies ist nach Karls IV. Bestimmungen unrichtig. Das Erbrecht bezieht sich auf das ganze Herrschergeschlecht, auch auf die Seitenverwandten[2]). Da nun die Böhmen auf Karls IV. goldene Bulle Bezug genommen und sie damit anerkannt haben, bleibt es für unseren Zweck gleich, ob Anna ihr Erbrecht verloren hatte oder nicht. Denn nach der Deklaration Karls IV. und der dispositio Wladislai, welche ja auf jene zurückweist, sowie nach Analogie der anderen Kurfürstentümer, in denen nach dem Aussterben eines Geschlechts mit dem Einsetzen eines neuen Herrschers dessen Descendenten zugleich Anspruch auf den Kurhut bekamen, ist es selbstverständlich, dass die Krone auf die Erben auch des erwählten Herrschers überging, ebenso, wie wenn die Vermittelung mit dem alten Herrscherhause durch die Hand einer Erbtochter hergestellt und deren Gemahl durch die Heirat zur Königswürde gelangt wäre[3]).

An dem Eintreten der Erblichkeit im habsburgischen Hause hindert daher das Ferdinand I. im ersten Revers

---

anspruch gewonnen habe, nachdem sie des väterlichen Erbrechts verlustig gegangen sei. Dies kann ich nicht zugeben. Es kann nur so aufgefasst werden, dass Anna überhaupt nicht Erbin sei, da das Erbrecht nicht „zurückgehe", d. h. da nur Leibeserben des letzten Königs erben könnten. Das deutet der Böhmen späteres Ansinnen Ferdinand I. gegenüber an, wo sie ausdrücklich die goldene Bulle Karls IV. in dieser Form erklärt haben wollten. Vgl. o. S. 24. S. 39, Anm. 3.

1) Huber a. a. O. III, 544. Rezek a. a. O. S. 52.

2) Vgl. o. S. 24 und 32. Buchholtz Geschichte Ferdinands I., Wien 1831—38, II, 416 hält die Seitenverwandten als solche nicht für erbberechtigt. Freilich rechnet er die Schwester eines kinderlosen Bruders nicht zu den Seitenverwandten. — Nach Ladislaus' Tode wurde das Erbrecht seiner Schwestern durch Hinweis auf Karls IV. Verordnung behauptet. Auch Wenzels III. Schwester Elisabeth war als Erbin von den Ständen und dem Kaiser bezeichnet worden. Loserth, Arch. f. österr. Gesch. 61, 113, 170/80. Die Denkschrift des Breslauer Domherrn Nicolaus Tempelfeld von Brieg über die Wahl Georgs von Podiebrad zum König von Böhmen. Vgl. u.

3) Khevenhiller a. a. O. IX, 549. Rezek a. a. O. 97.

abgenötigte Zugeständnis, er sei „durch pur lautern freyen Willen der Stände zum Königreich kommen"[1]), durchaus nicht. Aber Ferdinand war nicht der Mann, sich damit zufrieden zu geben. Er forderte das, was er als sein gutes Recht erkannte. Als er das Heft in Händen hatte, liess er sich 1545 die 1526 ausgestellte Erklärung zurückgeben[2]). und gab dafür eine neue, worin stand, dass die Stände ihn als Gemahl (tanquam maritum) der Erbkönigin Anna zum Könige „erwehlt vnd aufgenommen" hätten. Also dass er von den Böhmen „auss ihren freyen vnd geneigten Willen zum König erwehlt" sei, bezeugt er auch noch im zweiten Reverse. Der Unterschied des zweiten vom ersten liegt nur darin, dass in ihm die Erbberechtigung der Anna mit klaren Worten anerkannt und ihm als dem Gemahle der Erbin ein näheres Anrecht auf den Thron zugesprochen wird.

Die Deklaratio Karls IV., die dispositio Wladislavs und der zweite Revers Ferdinands, sind ausser dem Privilegium Friedrichs II. die drei Grundgesetze der böhmischen Verfassung, um die sich der Streit dreht in der Frage, ob Böhmen Erb- oder Wahlreich gewesen sei. Der beiden letzteren Wichtigkeit beruht darin, dass sie auf die Ausführungen Karls IV. zurückgreifen und somit das Fortwirken jener staatsrechtlichen Bestimmungen anzeigen. Dass Anna in ihnen als Erbin bezeichnet wird, ist für unsere Frage erst in zweiter Hinsicht wertvoll. Während aber diese Satzungen von der einen Partei als grundlegend und ausschlaggebend hingestellt werden, bekämpft die andere sie und nennt sie nichtig, erzwungen und erlogen.

Mein Urteil über die Giltigkeit der Verfügungen Karls IV. habe ich schon angedeutet: entweder darf man nichts davon gelten lassen, sondern muss zurückgehen auf die alten Privilegien Philipps und Friedrichs II.: dann war Böhmen rechtlich Wahlreich, wenn auch wahrscheinlich nur unter den Gliedern eines erbberechtigten Geschlechts eine Auswahl getroffen werden durfte und die Wahl auf den

1) Rezek a. a. O. 99.
2) Schlesinger, a. a. O. S. 444.

Nächstverwandten des letzten Herrschers zu lenken üblich geworden war; oder man muss der historischen Entwicklung der Verfassnng während des 13. und 14. Jahrhunderts Rechnung tragen: dann entspricht Karls Deklaration nur dem Stande der Dinge zu damaliger Zeit, und Böhmens Krone ist erblich in männlicher und weiblicher Linie. Die Böhmen behaupten daher nichts Falsches, wenn sie dem alten Reiche den Charakter eines Wahlreichs vindiciren, und Ferdinand II. geht nicht zu weit, wenn er auf Karls IV. Entscheidungen fussend der Böhmenkrone Erblichkeit zuspricht. Die Frage ist nur, ob das eine oder das andere in der geschichtlichen Entwickelung des Landes seine Giltigkeit erwiesen hat. Denn wenn die Böhmen selbst den karolinischen Bestimmungen Jahrhunderte lang gefolgt sind, so wird damit ihre Rechtskraft anerkannt, und es wäre wunderlich, wenn man nach 270 Jahren den Versuch machen wollte, sie kraft eines alten, schon im 13. Jahrhundert nicht mehr geltenden Privilegs beiseite zu schieben.

Auch gegen die Geltung der dispositio Wladislaus' hat man Bedenken erhoben. Man spricht jenem die Berechtigung ab, eine solche Erklärung als bindendes Statut abzugeben. Er sei, wie er selbst einräume [1]), von den Ständen gewählt. Darum könne er nicht frei über die Krone verfügen. Aber nach der Zwischenregierung Georg Podiebrads war es selbstverständlich, dass er nur durch Wahl den Thron erlangen konnte, wenn er auch eigentlich erl - berechtigt war. Sobald er aber gewählt war, trat die Erblichkeit wieder in Kraft, wie dies für jeden neugewählten König der Fall gewesen wäre nach dem Erlöschen des Herrschergeschlechts [2]). Das ist es ja gerade, was Podiebrad als Usurpator kennzeichnet, dass seine Nachkommen bei der Nachfolge gar nicht in betracht kamen. Der Ein-

1) Briefve Information des affaires du Palatinat S. 5, avoir obtenu et receu la dite Couronne de la pure, libre et franche Volonté et Election des dits Estats. Rezek a. a. O. 55.

2) Vgl. o. S. 40.

wurf, dass Böhmen ein „Kayserliches Reichs- und Manlehen"
sei, da es „nicht in den Lehenbrieffen oder pacten specia-
liter versehen" sei, dass es auch an ein Weib fallen dürfe[1]),
ist aber entkräftet[2]), wenn Karls IV. Declaratio zurecht
besteht. Wenn man jedoch aus der Erklärung Ludwigs,
dass er „aus freiem Willen der Stände erwählt und gekrönt"
sei, folgert[3]), dass um so mehr dies bei Anna hätte geschehen müssen, so wäre eine solche Inkonsequenz schon
durch die Verworrenheit der Kenntnis des böhmischen Ver-
fassungsrechts in damaliger Zeit ganz gut zu erklären.
Eine Zeit lang hat Wladislaus sogar nicht einmal gewusst,
dass auch Weiber den Thron erlangen könnten, sonst würde
er sich wohl nicht zu dem Vertrage mit Maximilian haben
bereitfinden lassen, worin er sich verpflichtete[4]), circa Regnicolas regni Bohemiae laborare et omnem sibi possibilem
dare operam, ut eo sine liberis masculis decedente hunc et
heredes suos legitimos ex lumbis descendentes regem sibi
praeficiant. Und doch geht wiederum aus diesem Abkommen
hervor, dass er die Krone als erblich[5]) ansah. Diese Widersprüche zeigen, auf wie schwankendem Boden die fragliche
Äusserung Ludwigs erwuchs. Aber Anna ist ja von den

---

1) Deductio etc. a. a. O. Glafey a. a. O. S. 269.

2) Briefve Information etc. a. a. O. S. 5 que le Royaume et
Electorat de Boheme estant un fief masculin de l'Empire comme les
autres Electorats, ne peut tomber en quenouille, les femmes estant
incapables de faire les functions viriles que requiert l'office des Elec-
teurs en vertu de la Bulle d'Or. Natürlich war die Erbin nur die
Vermittlerin. Durch sie wurde die Krone einem neuen Geschlechte
übergeben. Ein reines Kunkellehen war also Böhmen nicht. Glafey
a. a. O. S. 269.

3) Briefve Information etc. a. a. O. S. 5. Car si fils n'ya parvenir que par la voye de libre Election, Comment peut on conclure
que la fille y ayt peu parvenir par la voye d'un droit hereditaire et
comment peut une fille avoir droit de succession hereditaire en un
fief masculin et son frere ne l'avoir pas?

4) Vgl. o. S. 37, Anm. 4.

5) 1505 und 1511 bestätigt Wladislaus Privilegien für sich und
seine Erben. (Goldast 697).

Ständen auch erst auf Ansuchen Wladislaus' für eine
Erbin erkannt zugleich mit Ludwig [1]). Und wenn man der
dispositio die Geltung als Rechtsnorm abspricht, weil formelle Fehler vorlägen [2]), und ihr nur den Charakter einer
Privatabmachung zuschreibt [3]), so wird dieser Angriff durch
jenen Beschluss der Stände von 1507 und durch die spätere
Übereinkunft Ferdinands I. mit den Ständen zurückge-
schlagen, weil dadurch dieses Statut zu einer grundlegenden
Bestimmung über die Thronfolgefrage erhoben ist. Selbst
der Anspruch Sigismunds von Polen, des Bruders Wladislaus' II., wird durch die landtägige Festsetzung der Erbfolge Annas bei Seite geschoben, trotzdem er nach Karls IV.
Auffassung der Nachfolge vor Anna erbberechtigt gewesen wäre [4]).

Auch dem dritten Grundgesetze, dem zw iten Revers
Ferdinands I., sucht man alle Giltigkeit abzusprechen, indem
man es für untergeschoben, für eine Fälschung, erklärt [5]).

Aber in seinem Testamente vom 4. Februar 1547 weist
Ferdinand seine Söhne auf die getroffene Abmachung hin,
indem er den Vorfall erzählt und die Bulle Karls IV. zum
Ausgangspunkte nimmt für die Neubestimmung. Auch sind
die böhmischen Stände in einer nochmaligen Erklärung vom
Jahre 1547 der Fassung des Reverses vom Jahre 1545 bei-
getreten [6]). Zunächst freilich haben sie sich gegen die Zu-
mutung gewehrt [7]), haben „etliche Artickel zu Nachteil des

1) Vgl. o. S. 39, Anm. 2.
2) Deductio etc. a. a. O., Glafey a. a. O. S. 440.
3) Catholicon et Notorium etc. a. a. O. S. 25. Non dispositio-
nem nec institutionem nec substitutionem esse sed narrationem seu
enuntiationem simplicem.
4) Vgl. o. S. 32, dazu S. 40, Anm. 2.
5) z. B. Bref recueil etc. a a O. S. 6.
6) Glafey a. a. O. S. 445.
7) Die Stände empörten sich und verlangten unter anderem die
Beseitigung jener Erklärung im Landtagsschluss von 1545 über die
Erblichkeit der Krone, Schlesinger u. a. O. S. 445. Daraus geht doch
aber hervor, dass ein solcher Beschluss 1545 sicher gefasst sein musste.

Königs gemacht, vnter welchen auch einer gewesen, dass
man den Erben des Königreichs nicht solle schwären; wie
auch bey Lebzeiten dess Königs die Erben nicht krönen.
Mit angehenckter Vrsach, dieweil solches der freyen Wahl
praejudicierlich vnd Nachtheilig, welche jhnen auss Recht
zustehe und gebühre" [1]). Sie kämpften also ernsthaft für die
Wahlfreiheit. Jedoch auf dem von Ferdinand deswegen
1547 berufenen Landtage [2]) traten die Stände den Ausführungen der goldenen Bulle, der Disposition Wladislaus'
und des Reverses Ferdinauds von 1545 bei, und diese drei
Diplomata werden von ihnen „zur Form vnd Grund der
Succession gesetzt". Das sind doch wohl hinreichende Be-
weise für die Echtheit des zweiten Reverses. Zu jener Zeit
hat sich also dank der Energie Ferdinands I. die Erbgerechtigkeit zur Anerkennung durchgerungen, die sie nach den Grund-
gesetzen beanspruchen durfte. 1526 und 1527 bewiesen die
Verhandlungen der Stände, dass man gewillt war, sich von dem
neuen Herrscher viel Zugeständnisse zu verschaffen. Sie
gingen mit Verachtung der üblichen Rechtsform zu Werke.
So liessen sie die auf dem Landtage vom 19. Oktober 1526
beschlossenen Artikel ohne vorherige Sanctionierung durch
den König in die Landtafel eintragen [3]). Vom Könige verlangten sie erst hinterher ihre Annahme. Bei der jedesmaligen Nachfolge glaubten sie die beste Gelegenheit zu
haben, ihre Stellung zu erhöhen: darum sollte ihnen Ferdinand I. bestätigen, dass niemand, auch nicht „ein Erbe
dieser Krone", d. h. ein Leibeserbe, bei Lebzeiten eines

---

1) Jus hereditarium etc. a. a. O.

2) Wenn man einwendet, dieser Landtagsbeschluss sei „mit
gewalt und Schwerdt erzwungen" (Der Königl. Mayest. in Böhmen
Bericht vnd erklärung wieder die vnter dem Namen der Kays. Maytt.
aussgegangene . . . Mandata vnnd Declarationes der Cron Böheimb
betreffendt. 1620), so wäre doch wohl selbstverständlich, dass dagegen
hinterher, mindestens beim Tode Ferdinands, remonstriert worden
wäre. Und doch findet sich bis auf die hier zu besprechende Gelegenheit nichts dergleichen.

3) Rezek a. a. O. 62.

Königs zum Könige „gewählt und gekrönt werden" dürfe.
„Wo aber ein König von Böhmen (sie) dazu führen wollte,
dass (sie) vor seinem Tode einen anderen König erwählen
und krönen sollten, so sollten sie ihm mit nichte pflichtig
sein, sondern was (sie) oder einer von (ihnen) gegen solches
Benehmen vornehmen werde, das (solle) er mit Ehren thun,
und kein König (solle) (sie) deshalb beschuldigen können" [1]).
Aber Ferdinand I. hat dies ebensowenig für Recht erklärt,
wie er die goldene Bulle Karls IV. nach der Auslegung der
Böhmen erläutert hat [2]). Nur die von seinen Vorgängern
zugestandenen Privilegien wollte er bestätigen [3]). Denn dass
die böhmischen Herren mit ihren Forderungen dahin zielten,
Böhmen auf diese Weise allmählich zum Wahlreiche herab-
zudrücken, wird er eingesehen haben [4]). So lässt er sich
denn von den Böhmen am 2. März 1527 zugestehen, dass
der volljährige männliche Erbe, d. h. der Sohn des
Königs bei dessen Lebzeiten gekrönt werden dürfe.
Aber auf niemand anders als eben auf den Sohn des Königs
solle dies Zugeständnis Anwendung finden dürfen [5]). Damit
war aber noch ganz und gar nicht gesagt, dass das Erbrecht überhaupt auf den männlichen Descendenten beschränkt
war. Soweit wollten ja die Stände selbst nicht gehen, wie
aus ihrer Aufforderung an Ferdinand I. zur Erläuterung
der goldenen Bulle hervorgeht [2]). Und wenn also wirklich,
wie die Böhmen 1619 behaupteten, die Stände auf dem
Landtage von 1547 nicht libere hätten votieren dürfen, da
es damals geheissen habe: sic volo, sic jubeo, so ändert
das nichts an der Thatsache, dass die damalige Betonung
des Erbrechts nur dem verfassungsmässigen Rechte genüge
that [6]) und, abgesehen von der Bezeichnung Annas als Erbin,

---

1) Rezek a. a. O. 88.
2) Vgl. o. S. 39.
3) Rezek a. a. O. 102.
4) Rezek a. a. O. 120.
5) Rezek a. a. O. 140, Huber a. a. O. III, 546.
6) Ebensogut kann man auch den Böhmen entgegenhalten, dass
sie den ersten Revers von 1527 erzwungen hatten. Glafey a. a. O. S. 442.

sogar den Anschauungen der böhmischen Stände, wie sie
aus den Verhandlungen von 1527 uns entgegentreten, entsprach, freilich mit der Einschränkung, dass nun das volle
Erbrecht, wie es die goldene Bulle Karls IV. vertritt, sich
wieder ans Licht durchgerungen hat, nachdem es so lange
falsch gedeutet und verdunkelt worden war. So wurde
denn nun damals in der Wahlordnung wie in der Landesordnung alles entsprechend der neu erlangten Anerkennung
der vollen Erblichkeit geändert, so z. B. in der Eidesformel
des Burggrafen von Prag[1]), und in der Vorschrift über die
Übergabe des Prager Schlosses an den neuen König[2]).

Dass also Böhmen nach den staatsrechtlichen Bestimmungen noch in der Mitte des 16. Jahrhunderts ein
Erbreich war, liegt auf der Hand. Schon unter den Přemysliden hatte die böhmische Verfassung de facto einer geregelten Erblichkeit im 13. Jahrhundert sich zugewandt,
im 14. war dies dann gesetzlich normiert, und diese Regelung hat zu Anfang und Mitte des 16. Jahrh. in Dekreten
Billigung und Bestätigung gefunden.

(Es erübrigt aber nachzuweisen, dass dem Jus der Usus
entsprach[3]). Denn wie sich inbezug auf die Befolgung des
Privilegiums von 1212 gezeigt hat, kann sich die Verfassung
Böhmens trotz solcher Verordnungen in Wirklichkeit ganz
anders ausgelebt haben. Darum muss ich prüfen, ob sich
das Erbrecht in der Nachfolge der einzelnen Herrscher do-
kumentiert hat).

---

1) In der „corrigirten New Ordnung" schwört er „Herrn Ferdi-
nanden . . . als einen Böheimischen König und seiner Kön. May.
Erben vnnd wer darnach ein König sein wirdt". Khevenhiller a. a. O.
IX, 579/81. Daran ändert nichts, dass die Böhmen 1619 beschlossen,
der Huldigungseid solle „auch" künftig nur dem Könige, nicht auch
den Erben geleistet werden. Khevenhiller, a. a. O. IX, 459, Art. 24.

2) Es ist nur dann von Wahl die Rede, „so die Kön: May. ohne
Erbe mit Todt abgienge".

3) Khevenhiller a. a. O. IX, 550/51.

Berichtigungen.

S. 8 ff. Otakar.

S. 9, Anm. 3 de nostrae autem liberalitatis munificentia.

S. 10 ff. Přemysliden.

S. 12 ff. Břetislav.

S. 14 ff. Bořiwoy.

S. 15 ff. Soběslav.

Vita.

Natus sum Fridericus Guilelmus Bothe Noeschenrodae ad Wernigerodam die III. mensis Mart. a. 1869 patre Ludovico matre Theresia e gente Mueller, quos adhuc superstites esse summopere gaudeo. Fidei addictus sum evangelicae. In patria primis literarum elementis imbutus atque in gymnasium receptus sum, quod per decem annos frequentavi. Testimonio maturitatis instructus universitatem Halensem adii, ubi per septies sex menses studiis philologicis theodiscis historicis incubui. Docuerunt me viri clarissimi doctissimi Bremer, Burdach, Dittenberger, Droysen, B. Erdmann, Haym, Heydemann, Hiller, Keil, Kirchhoff, Lindner, E. Meyer, Sievers, Uphues, Zachariae.

Ad seminariorum exercitationes philologicas Dittenberger et Keil, historicas Droysen et Lindner, theodiscas Burdach benigne me admiserunt.

Quibus omnibus viris optime de me meritis gratias ago et semper habebo quam maximas, imprimis viro illustrissimo Droysen, qui studia mea benevolentissime fovit.

Examine superato biennium Halis seminario praeceptorum A. H. Franckii interfui, quo perfunctus per tria semestria in schola Latina ibidem versabar magister. Tum Hammaburgae in schola reali per sex menses pueros erudivi, unde mense Aprili hujus anni in urbem Bochum me conferam, in qua electus sum praeceptor.